国家社会科学基金青年项目（15CTY007）和北京市高校高精尖学科建设（体育学）经费资助出版

我国体育与旅游产业融合发展的路径与协同治理机制研究

Research on the path and collaborative governance mechanism of the integrated development of China's sports and tourism industries

金媛媛 ■ 著

中国财经出版传媒集团

经济科学出版社
Economic Science Press

图书在版编目（CIP）数据

我国体育与旅游产业融合发展的路径与协同治理机制
研究／金媛媛著．－－北京：经济科学出版社，2023.6
ISBN 978 - 7 - 5218 - 3256 - 3

Ⅰ．①我…　Ⅱ．①金…　Ⅲ．①体育产业－产业融合－
旅游业发展－研究－中国　Ⅳ．①G812 ②F592.3

中国版本图书馆 CIP 数据核字（2021）第 250740 号

责任编辑：杜　鹏　常家凤
责任校对：蒋子明
责任印制：邱　天

我国体育与旅游产业融合发展的路径与协同治理机制研究

金媛媛　著

经济科学出版社出版、发行　新华书店经销
社址：北京市海淀区阜成路甲 28 号　邮编：100142
编辑部电话：010 - 88191441　发行部电话：010 - 88191522
网址：www.esp.com.cn
电子邮箱：esp_bj@163.com
天猫网店：经济科学出版社旗舰店
网址：http://jjkxcbs.tmall.com
固安华明印业有限公司印装
710×1000　16 开　12.25 印张　220000 字
2023 年 6 月第 1 版　2023 年 6 月第 1 次印刷
ISBN 978 - 7 - 5218 - 3256 - 3　定价：69.00 元

前言

近年来，我国体育产业与旅游产业融合的政策环境、经济环境、社会环境和技术环境都十分有利。然而，体育产业与旅游产业融合的现状却不尽如人意。究其原因，是由于在体育产业与旅游产业融合的过程中仍存在着深层次的障碍。那么，相关行为主体应该依靠什么样的制度安排来提升产业融合的效果呢？这成为本书研究所要解决的主要问题。为此，本书在已有研究成果的基础上，综合运用演化经济学理论和协同治理理论，使用规范研究与实证研究相结合、定性研究与定量研究相结合的方法，以动态、演化的观点，将企业视为重要主体，对体育产业与旅游产业融合的全过程进行较为系统的研究。

本书的主要研究内容包括：（1）体育产业与旅游产业融合的动力机制，主要回答"体育产业与旅游产业为什么会融合"的问题。（2）体育产业与旅游产业融合的路径，主要回答"体育产业与旅游产业怎样融合"的问题。（3）体育产业与旅游产业融合的业态模式，主要回答"体育产业与旅游产业融合后的形态是什么"的问题。（4）体育产业与旅游产业融合的综合效益，主要回答"体育产业与旅游产业融合的效益如何"的问题。（5）体育产业与旅游产业融合的协同治理机制，主要回答"如何提升体育产业与旅游产业融合的效果"的问题。

通过以上研究，得出如下结论：（1）体育产业与旅游产业融合是内、外部因素共同作用的结果。外部动力包括由旺盛的市场需求带来的牵引力、由政策支持带来的引导力、由市场竞合带来的推动力、由技术创新带来的催化力和由全域旅游带来的助推力；内部动力包括由产业的强关联性带来的耦合力、由企业对减少环境依赖的追求带来的自主力、由企业对获取竞争优势的追求带来的内生力、由企业对经济效益的追求带来的原生力和由产业升级带来的引发力。（2）应当正确认识体育产业与旅游产业融合的主体与客体。从事融合型产品生产与服务的体育企业和旅游企业，是体育产业与旅游产业融合的真正主体。体育产业与旅游产业融合的客体是体育旅游融合型产品，分为实物型产品与服务型产品。（3）体育产业与旅游产业融合的过程是由微观层面到宏观层面逐步演化的过程，这一过程构成了体育产业与旅游产业融合的完整路径。在演化过程中，惯例与遗传机制、搜寻与变异机制、市场竞争与选择机制起到了关键性的作用。（4）体育产业与旅游产业融合后的业态主要表现为体育赛事旅游、体育旅游节会、体育主题公园、运动休闲特色小镇、运动度假综合体、高端运动俱乐部和康养旅游综合区七种模式。（5）体育产业与旅游产业融合具有显著的经济效益、社会与文化效益、环境效益。（6）我国体育产业与旅游产业融合中仍存在诸多障碍，主要包括体育资源与旅游资源难以实现有效共建共享、体育旅游制度建设滞后、体育企业和旅游企业能力不足、体育旅游市场认知度低、体育旅游人才供给不足等。（7）构建协同治理机制是提高体旅融合效果的有效制度安排。体旅融合协同治理是基于协同治理体系设计，政府部门、行业协会、体育企业和旅游企业、社会个体，在法律规范框架下，通过对话协商、资源共享、责任传递、利益制衡等治理手段来加强主体间协作与互动，化解矛盾和冲突，持续推动体育产业与旅游产业融合，以达成公共利益最大化的一种治理模式。

基于以上研究结论，提出如下政策建议：（1）强化企业的主体地位，培育企业核心能力。（2）推进体制机制创新，推动多部门协同。（3）加强规划和监督，促进规范化发展。（4）重视人才培养与引进，推动体育旅游可持续发展。（5）重视体育旅游在乡村振兴中的价值。（6）加强体育旅游行业协会建设。（7）加大宣传力度，培育消费主体。

本书研究主要有如下创新点：（1）系统研究了体育产业与旅游产业融合的全过程，丰富了新兴市场经济国家产业融合理论的研究成果。（2）以企业为核心，运用演化经济学理论，构建了体育产业与旅游产业融合的完整路径。（3）将协同治理理论引入产业融合的研究，构建了体育产业与旅游产业融合的协同治理机制，为我国在经济领域推进国家治理体系和治理能力现代化提供了思路。（4）定量评价了体育产业与旅游产业融合的综合效益，将对体育旅游价值的认识由感性认识阶段上升为可量化评价阶段。

　　希望本书的研究可以为政府、企业、行业协会、高校与研究机构等的科学决策提供参考，从而推动我国的体育产业与旅游产业高质量融合发展，提高我国体育旅游产业的国际竞争力。

金媛媛

2023 年 3 月

目 录

■第 1 章

导　　论

　　近年来，我国体育产业与旅游产业融合的步伐在逐渐加快，作为两个产业融合的产物，体育旅游的发展对我国经济、社会、文化等方面起到了很大的推动作用。但与此同时，体育旅游的发展过程中也出现了一些令人担忧的问题，如产品开发深度不够、开发主体不明晰、利益协调机制不健全、受益不均等，这些问题的存在一定程度上减弱了体育旅游产业的竞争力。而体育旅游产业出现的问题，很大程度上是由于体育产业与旅游产业融合机制不畅通造成的。因此，深入考察旅游产业与体育产业的融合过程，并构建提高两个产业融合效果的保障机制，显得十分必要和迫切。

1.1　研究背景与问题的提出

1.1.1　研究背景

1.1.1.1　我国体育产业与旅游产业融合的环境不断向好

　　近年来，我国体育产业与旅游产业融合的政策环境、经济环境、社会环境和技术环境都十分有利。

　　政策环境方面，早在 1995 年，在国际体育旅游座谈会上，时任国家体育总局副局长张发强作了题为《关于体育旅游业的几个问题》的报告，阐述了体育和旅游的关系，提出"体育旅游是旅游和体育有机结合的结果，既是旅游性的体育事业，又是体育性的旅游事业"。2001 年，国家旅游局将我国旅游的促销主题确定为"中国体育健身游"，并制定了《2001 年中国体育健身游活动方案》。近年来，我国着力把体育产业和旅游产业的供给侧结构性改革置于国民经济的全局之中，既注重提升已有产品的品质，又注重开发新业态，促进体育产业与旅游产业融合，出台了一系列有利于两大产业融合的政策（见表 1 - 1）。

表 1 - 1　　　　　　近年来体育产业与旅游产业融合的相关政策文件

政策文件	发布时间	发布部门	与体育产业与旅游产业融合相关的政策内容
《关于促进旅游业改革发展的若干意见》	2014 年 8 月	国务院	鼓励竞赛表演、健身休闲等产业与旅游产业融合发展，具备条件的体育运动场所可以开展体育旅游活动
《关于加快发展体育产业促进体育消费的若干意见》	2014 年 10 月	国务院	丰富体育产业发展内容，推动体育与文化创意、教育培训等相融合，促进体育旅游、体育影视等相关业态发展
《关于加快发展生活性服务业促进消费结构升级的指导意见》	2015 年 11 月	国务院办公厅	促进健康产业与体育产业融合发展，加快发展与体育旅游、康养旅游、体育节会、体育影视等相关的新型业态
《体育发展"十三五"规划》	2016 年 5 月	国家体育总局	与国家旅游局共同研究和制定《体育旅游发展纲要》，对全国体育旅游精品项目进行推介，打造一批在全国具有重要影响力的体育旅游
《关于加快发展健身休闲产业的指导意见》	2016 年 10 月	国务院办公厅	促进体育产业与旅游产业融合，对于有条件的旅游景区，支持和引导其拓展体育旅游项目，鼓励国内旅行社设计开发与健身休闲和体育赛事相关的旅游产品与路线；建设一批重大体育旅游项目，如体育旅游示范基地，使其充分发挥标杆带动作用
《"健康中国 2030"规划纲要》	2016 年 10 月	中共中央、国务院	鼓励发展多元主题的体育健身俱乐部，丰富业余体育赛事的类型，积极培育山地、水上、航空、冰雪、汽摩、马术、极限等时尚休闲运动项目，引领消费升级，挖掘区域特色，打造健身休闲产业带、健身休闲示范区
《关于进一步扩大旅游文化体育健康养老教育培训等领域消费的意见》	2016 年 11 月	国务院办公厅	制定促进体育产业与旅游产业融合发展的指导意见。研制并实施针对山地户外、航空、水上、冰雪等运动产业的专项发展规划

续表

政策文件	发布时间	发布部门	与体育产业与旅游产业融合相关的政策内容
《冰雪运动发展规划（2016—2025 年）》	2016 年 11 月	国家发改委、国家体育总局	促进冰雪运动竞技水平不断提高，推动冰雪运动普及化，增加场地设施供给，加快发展冰雪产业，深化体制机制改革
《水上运动产业发展规划》	2016 年 11 月	国家发改委、国家体育总局	打造一批精品水上运动综合休闲发展带，充分发挥其示范效应，形成具有高端服务力、较大影响力的跨界融合产业集聚区
《航空运动产业发展规划》	2016 年 11 月	国家发改委、国家体育总局	大力推动航空运动旅游发展，对于有条件的旅游景区，支持和引导其拓展航空运动旅游项目，鼓励国内旅行社设计开发与航空竞赛表演活动相关的旅游项目与线路
《山地户外运动产业发展规划》	2016 年 11 月	国家发改委、国家体育总局	大力推动山地户外旅游发展，对于有条件的景区景点，支持和引导其扩展山地户外运动旅游项目，建设精品户外旅游目的地
《关于大力发展体育旅游的指导意见》	2016 年 12 月	国家旅游局、国家体育总局	优化发展环境，完善体育旅游基础设施和上层设施，基本形成门类丰富、层次多元、结构合理、功能完善的体育旅游产业与产品体系
《关于印发"十三五"旅游业发展规划的通知》	2016 年 12 月	国务院	促进旅游产业与体育产业融合发展。制定体育旅游发展纲要，加快建设体育旅游目的地和体育旅游示范基地，打造精品体育旅游赛事和线路。培育一批具有较强竞争力和影响力的体育旅游品牌企业。鼓励具备条件的地方开展大型体育旅游活动，支持和引导特色体育基地、场馆和设施提供体育旅游服务
《关于推动运动休闲特色小镇建设工作的通知》	2017 年 5 月	国家体育总局办公厅	充分挖掘和利用资源禀赋，因地制宜地建设运动休闲特色小镇。对于自然资源禀赋较好的小镇，鼓励其发展山地户外、水上、汽车摩托车、航空、冰雪等运动项目；对于民族传统文化资源丰富的小镇，鼓励其依托人文资源拓展民族民俗体育文化项目
《"一带一路"体育旅游发展行动方案（2017－2020 年）》	2017 年 7 月	国家旅游局、国家体育总局	加强体育旅游基础设施和配套服务设施建设，提升体育旅游装备制造水平，培育体育旅游精品项目，建设体育旅游示范基地，推动体育旅游目的地建设与发展，打造体育旅游合作发展平台，加大体育旅游宣传力度，强化体育旅游智力支持

续表

政策文件	发布时间	发布部门	与体育产业与旅游产业融合相关的政策内容
《关于促进全域旅游发展的指导意见》	2018 年 3 月	国务院办公厅	大力发展山地户外运动、冰雪运动、水上运动、航空运动、汽车摩托车运动、健身气功养生等体育旅游项目，支持和引导有条件的景区、体育场馆、城市大型商场、运动休闲特色小镇、连片美丽乡村、开发区闲置空间拓展为体育旅游综合体
《体育强国建设纲要》	2019 年 9 月	国务院办公厅	推动"一带一路"国家在体育旅游方面深度合作，共同打造"一带一路"精品体育旅游项目与线路。加快海南国家体育训练南方基地和国家体育旅游示范区建设，促进区域协调发展。举办冰雪文化节、冰雪旅游节、冰雪嘉年华、冰雪马拉松、赏冰乐雪季等冬季品牌活动
《关于促进全民健身和体育消费推动体育产业高质量发展的意见》	2019 年 9 月	国务院办公厅	尝试研制有关体育旅游的国家和行业标准。实施体育旅游精品示范工程，包括体育旅游精品赛事、精品线路和示范基地等。推动森林旅游发展，重点发展徒步、越野跑、登山等体育运动项目

资料来源：根据中国政府网相关政策文件整理。

　　经济环境方面，进入 21 世纪以后，工业化、现代化的发展使得世界经济呈现出全球化发展的特征，导致世界宏观经济结构和国家微观产业结构发生变化，各国产业结构出现国际化调整与升级。体育产业、旅游产业被称为 21 世纪的绿色产业、朝阳产业，已经成为世界经济的重要组成部分。将促进体育产业与旅游产业等具有紧密关联性的产业的融合发展作为应对经济全球化发展的重要战略，成为从业者、学者和决策者的共识。在企业层面，在新经济时代，创新速度加快，企业间的竞争越来越激烈，使单打独斗的企业举步维艰。企业之间开始由内部协同向外部协同发展，不同产业的企业在合作中互相渗透，企业之间的边界变得模糊不清，导致产业边界收缩或消失，产业融合成为一种必然。在消费者层面，世界旅游组织研究表明，当一个国家的人均国内生产总值（GDP）超过 5000 美元时，休闲消费会迅速增长；超过 8000 美元时，将会出现休闲消费升级的趋势[①]。2011 年，我国人均 GDP 超过

---

① Crounch G. The study of international tourism demand：Asurvery of practice [J]. Journal of Travel Research，1994，32（4）：41－55.

5000 美元, 2015 年超过 8000 美元, 2019 年超过 10000 美元①, 随着我国经济增长和国民收入的不断增加, 人们对主动健康、高质量旅游的需求也日益旺盛, 开发体育与旅游复合型、创新型产品以满足人民群众的需求也成为大势所趋。

社会环境方面, 我国居民的健康状况不容乐观, 根据国家卫健委发布的数据, 2018 年, 我国人均健康预期寿命仅为 68.7 岁, 比人均预期寿命相差近10 年②。据调查, 经常锻炼人群的健康预期寿命较高, 这反映出体育运动对体质健康的重要性③。此外, 国家统计局发布的数据显示, 我国 65 岁及以上的老年人口在 2019 年底已达到 1.76 亿人, 超过总人口的 1/10。中国发展基金会发布的《中国人口老龄化的发展趋势和政策》指出, 2022 年左右, 我国65 岁及以上人口占总人口比例将达到 14% 以上, 我国将由老龄化社会进入老龄社会④。体育锻炼是推进积极老龄化的有效途径⑤, 而很多传统的体育运动由于内容枯燥、形式单一, 使人们难以长期坚持。融合体育与旅游内涵的休闲项目, 越来越受到人们的欢迎, 成为改善居民健康状况的一种新途径。不仅是老年人, 其他人群对体育旅游的需求也日趋旺盛。随着人们闲暇时间的增多和收入水平的提高, 人们追求健康生活方式的愿望日益强烈, "工作为了生活、生活重在休闲、休闲提升质量" 的理念逐渐深入人心, 人们从追求"活着" 转变为追求 "健康地活着", 从追求 "长寿" 转变为追求 "健康长寿"。在这种背景下, 越来越多的人参与到体育、旅游活动中来。体育产业与旅游产业的融合已是必然趋势。

技术环境方面, 互联网技术、虚拟现实技术、可穿戴技术等, 不仅给人们的生活带来了便捷, 更为体育产业、旅游产业注入了新的元素和动力。首先, 这些技术能够提供产业互融、企业互通、供求互联的全新平台, 促进跨界融合; 其次, 这些技术能够拓展体育产业与旅游产业融合后的产品概念与

---

① 2019 年中国经济 "成绩单": 人均 GDP 突破 1 万美元 [EB/OL]. http://finance.sina.com.cn/roll/2020 - 01 - 17/doc-iihnzahk4682843.shtml, 2010 - 01 - 27.

② 国家卫健委: 中国人均健康预期寿命仅为 68.7 岁 [EB/OL]. http://news.china.com.cn/2019 - 11/02/content_75365750.htm, 2019 - 11 - 02.

③ 18 岁人群健康期望寿命 58 年 [EB/OL]. http://news.eastday.com/eastday/13news/auto/news/society/u7ai1782359_K4.html, 2014 - 06 - 17.

④ "65 岁 +" 5 年后将破 2 亿, 应对老龄化最重要窗口期开启 [EB/OL]. https://baijiahao.baidu.com/s? id = 1669847480269462716&wfr = spider&for = pc, 2020 - 06 - 18.

⑤ 徐箐, 肖焕禹, 陈玉忠. 老年体育与积极老龄化 [J]. 西安体育学院学报, 2006 (3): 23 - 26.

产品体系，推动服务创新。总之，新技术有助于扫除两大产业融合发展过程中的障碍，推动两大产业的有机融合。

基于以上 PEST 分析，本书研究认为，我国体育产业与旅游产业融合的总体环境向好，如图 1-1 所示。

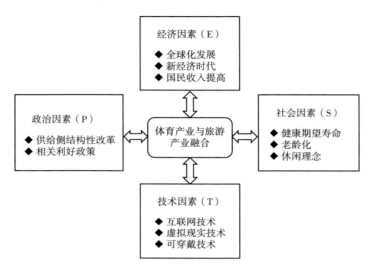

图 1-1 体育产业与旅游产业融合的 PEST 分析

1.1.1.2 我国体育产业与旅游产业融合的现状不尽如人意

世界旅游组织公布的数据显示，全世界体育旅游产业的平均增速远远超过旅游产业的平均增速。近年来，由于居民收入增长、生活方式转变、利好政策密集出台等原因，我国体育旅游产业呈井喷式发展。到 2018 年底，我国体育旅游业的市场规模已超过 2600 亿元[①]。然而，相比发达国家，我国体育旅游市场在全部旅游市场中所占的比例仍存在很大差距。我国占比仅约 5%，而发达国家占比约 25%。体育旅游是体育产业与旅游产业融合的产物，体育旅游的发展现状不尽如人意，说明我国体育产业与旅游产业融合尚有巨大的提升空间[②]。

---

① 预见 2019：《2019 年中国体育旅游产业全景图谱》［EB/OL］. https：//www. qianzhan. com/ analyst/detail/220/190625－81c1de40. html，2019－06－27.

② 前瞻产业研究院. 中国体育旅游现状与市场规模预测［EB/OL］. http：//www. sohu. com/a/ 194341932_114835，2017－09－25.

1.1.2 问题的提出

我国体育产业与旅游产业融合的环境总体向好，但融合的现状却不尽如人意，主要是由于在两大产业融合的过程中，仍存在着诸多障碍。那么，相关行为主体应该依靠什么样的制度安排提升产业融合的效果，成为本书要解决的主要问题。为此，本书将在解析体育产业与旅游产业融合路径的基础上，研究体育产业与旅游产业融合的协同治理机制，旨在提高体育产业与旅游产业融合的效果，增强我国体育旅游产业的竞争力。

1.2 研究目的与意义

1.2.1 研究目的

本书旨在通过解读体育产业与旅游产业融合的过程，探寻产业融合的实现路径，构建产业融合的协同治理机制，为政府、企业、行业协会等的科学决策提供参考，从而推动我国体育产业与旅游产业高质量融合发展，提高我国体育旅游产业的国际竞争力。

1.2.2 研究意义

1.2.2.1 理论意义

已有的研究发现了体育产业与旅游产业融合的一些特征和问题，但融合本身是一个复杂而系统的过程，仅仅就产业融合的机理、模式、问题进行探讨，难以系统地解读产业融合的演变过程。本书以体育产业与旅游产业融合的实践为背景，以产业融合的路径与协同治理机制为研究对象，基于演化经济学理论和协同治理理论，采用规范分析和实证研究相结合的方法，依据"产业融合的动力机制——产业融合的演化路径——产业融合后的业态模式——产业融合的综合效益"的逻辑线索，揭示体育产业与旅游产业融合的演化路径，构建体育产业与旅游产业融合的协同治理机制。从理论上构建体育产业与旅游产业融合的系统分析框架，进一步丰富新兴市场经济国家产业融合的研究成果。

1.2.2.2　实践意义

近年来，体育产业与旅游产业融合发展已经成为一种趋势。我国出台了一系列政策来支持和引导体育产业与旅游产业融合发展。国务院发布的《关于加快发展体育产业促进体育消费的若干意见》明确将"促进融合发展，积极拓展业态"作为今后工作的主要任务之一。国家体育总局、原国家旅游局共同制定了《关于大力发展体育旅游的指导意见》。一些城市将体育、文化、旅游行政管理职能合一，设立"文体旅游局"，如广东深圳、广东珠海、四川雅安、黑龙江大庆等。还有一些省、市制定了专门的体育旅游规划，如贵州省制定了《贵州省全国体育旅游示范区总体规划》，海南省制定了《海南省国家体育旅游示范区发展规划（2020－2025）》，南京市制定了《南京市体育旅游发展行动计划（2019－2025 年)》。可见，各级政府都在努力推动体育产业与旅游产业融合发展。然而，由于缺乏系统的理论指导，我国大部分地区的体育产业与旅游产业的融合仍停留在较浅的层次上，融合效果不尽如人意。因此，研究体育产业与旅游产业融合的实现路径与协同治理机制，对于各级政府落实国家政策、指导行业实践，具有一定的参考意义。

1.3　研究内容与方法

1.3.1　研究内容

本书的研究对象是体育产业与旅游产业融合的路径和协同治理机制。在解析体育产业与旅游产业融合的演化过程基础上，揭示两大产业融合的路径，构建两大产业融合的协同治理机制。

本书的研究问题为：在体育产业与旅游产业融合的过程中，相关行为主体应该依靠什么样的制度安排提升产业融合的效果？本书综合运用演化经济学理论和协同治理理论，借助规范分析与实证分析相结合的研究方法，还原并解构体育产业与旅游产业融合的动态实践，探索体育产业与旅游产业融合的动力机制、路径及协同治理机制，为提高体育产业和旅游产业融合的效果奠定坚实的认知基础。

研究内容主要包括以下 5 个模块。

模块 1：体育产业与旅游产业融合的动力机制。

该部分是本书研究的起点。通过研读国内外权威学术期刊产业融合的相关研究成果，结合我国体育产业与旅游产业融合的实践，分析体育产业与旅游产业融合的内、外部动力机制，该部分主要回答"体育产业与旅游产业为什么会融合"的问题，为后续分析两大产业融合的演化过程奠定基础。

模块 2：体育产业与旅游产业融合的演化路径。

该部分是本书的核心内容。依据演化经济学理论，在分析体育产业与旅游产业融合的主体和客体的基础上，阐述企业融合和产业融合的关系，分析体育企业和旅游企业融合的微观演化过程，以及体育企业和旅游企业融合向体育产业与旅游产业融合发展的传导机制，揭示体育产业与旅游产业融合的完整路径。该部分主要回答"体育产业与旅游产业怎样融合"的问题，是本书研究拟解决的关键问题之一。

模块 3：体育产业与旅游产业融合的业态模式。

基于资源、市场、技术、功能等要素的多样化组合，将体育产业与旅游产业融合的主要业态模式总结为体育赛事旅游、体育节会旅游、体育主题公园、运动休闲特色小镇、运动度假综合体、高端运动俱乐部、康养旅游综合区等，并梳理这些业态模式在国内外的典型案例。该部分主要回答"体育产业与旅游产业融合后的形态是什么"的问题，为后面分析两大产业融合的效益和障碍奠定基础。

模块 4：体育产业与旅游产业融合的综合效益。

分析体育产业与旅游产业融合的综合效益，即发展体育旅游业的经济效益、社会文化效益和环境效益，然后综合运用德尔菲法、层次分析法、模糊综合评价法构建运动休闲特色小镇扶贫效应的评价指标体系，并对特定案例地的扶贫效应开展评价。该部分主要回答"体育产业与旅游产业融合的效益如何"的问题。

模块5：体育产业与旅游产业融合的协同治理机制。

该部分是本书的重点研究内容。通过深度访谈，了解我国体育产业与旅游产业融合过程中存在哪些障碍。然后依据协同治理理论，识别体旅融合协同治理的多元主体，分析多元主体协同治理的过程，构建多元主体协同治理的推进机制。该部分主要回答"如何提升体育产业与旅游产业融合的效果"的问题，也是本书研究拟解决的关键问题之一。

1.3.2　研究方法

1.3.2.1　文献资料法

文献资料法是最传统又最常用的科学研究方法，是指搜集、甄别、整理与研究问题相关的文献，并通过对文献的分析形成对现象的科学认识的方法。有关产业融合的研究在国外已经有几十年的历史，相关研究成果十分丰富。近年来，国内有关体育产业和旅游产业融合的研究文献数量也在快速增长，要在庞大和分散的文献中寻求研究问题的答案，文献研究必不可少。基于此，本书课题组成员在长达4年的时间里，不断在各个中英文数据库搜寻相关文献，并对这些文献进行研读、梳理、评价，最终形成了对体育产业与旅游产业融合路径和协同治理机制的基本理论判断，识别出有助于解释关键要素之间关系的理论视角和研究变量，构建了本书所依托的基本理论框架，并为本书的规范分析奠定了理论基础。

1.3.2.2　实地调查法

实地调查法是指调查人员进入调查对象所在地，对调查对象实施信息搜集工作，并在分析调查所获取的第一手资料、数据的基础上，得出相关结论的一种方法。本书采用的具体调查方法包括以下2种。第一，观察法，是指人们有目的、有计划地通过感官、观察工具，对客观事物进行系统考察，直接认知并记录与研究目标有关信息的一种研究方法。课题组先后对杭州、湖州、广州、惠州、长沙、邵阳、贵阳、铜仁、洛阳、张掖、武威、成都、乐山、武汉、济南、承德、秦皇岛、张家口、南宁、天津、北京等地的体育产业与旅游产业融合实践进行了实地调研，对被国家体育总局评为"中国体育旅游精品项目"的目的地、线路、景区和赛事进行了重点考察。第二，访谈法，是质化研究中经常采用的资料收集方法之一。本书在构建理论框架和对关键问题进行深度挖掘过程中，与专家学者、相关政府部门负责人、相关企业高管进行了深度访谈（主要访谈对象见表 1 – 2）。为更加真实、更加全面地了解情况，本书采取的是半结构式访谈法（semi-structured interviews）。其特点是访谈前围绕主题拟定访谈提纲，但访谈时不囿于提纲内容，可根据受访者回答情况衍生出新问题，提问的顺序和方式也根据受访者回答情况随机调整，整体结构较为松散，但仍有主次之分。此外，在体育旅游目的地进行实地考察时，还对一些游客进行了拦截式访问，主要询问他们对于体育旅游的认知、需求以及产品的满意度等。

表 1 – 2   主要访谈对象名单

姓名	工作单位	职称/职务
钟某某	首都体育学院	教授/博导
邹某某	北京第二外国语学院	教授/博导
周某	南开大学	教授/博导
蒋某某	北京体育大学	教授/博导
邹某某	北京体育大学	教授/硕导
董某	首都体育学院/北京市冰壶协会	教授/秘书长
毛某某	国家体育总局体育文化发展中心	主任
匡某某	贵州省体育旅游经济发展中心	主任
汪某某	北京冬奥组委	研究员
李某	湖南省武冈市旅游局	局长
池某某	承德市体育局	副局长
季某某	北京中景园旅游规划设计研究院	副院长
于某	中国康辉旅游集团	总裁办主任
朱某	太舞滑雪场	行政人力总监

1.3.2.3　专家调查法

专家调查法是围绕某一主题或问题，征询相关专家的看法和建议，从而对问题进行评估、判断和预测的一种方法。在社会科学领域，通常是在数据缺乏的情况下使用该种方法。头脑风暴法和德尔菲法是专家调查法的两种常见形式。头脑风暴法是指通过召开会议，使所有参加者积极思考、畅所欲言，从而激发每位参与者的大脑潜能，形成问题解决方案的一种研究方法。德尔菲法是指组织者采用匿名方式，针对所要研究的问题征得专家的意见，然后对每一轮的意见都进行整理、归纳、总结，再将汇总的结果反馈给各位专家，再次征求意见，直至意见趋于一致的一种研究方法[①]。

在研究框架论证、体育产业与旅游产业融合的路径、体育产业与旅游产业融合的协同治理机制设计三个环节上使用了头脑风暴法，邀请休闲体育、旅游管理、产业经济学、管理学领域的专家，召开了头脑风暴会议。此外，本书研究涉及运动休闲特色小镇扶贫效应的评价，然而，在前期的文献资料收集与整理过程中发现，目前尚未有学者建立关于这方面的评价指标体系，因此，本书立足实际，广泛查阅相关文献与书籍，采用德尔菲法，确定问题，拟定提纲，对有经验的专家（专家名单见表1-3）进行三轮意见征询，最终专家意见趋于统一，形成运动休闲特色小镇扶贫效应的评价指标体系。

表1-3　　　　　　　　　　德尔菲法专家小组名单

姓名	工作单位	职称/职务
徐某某	武汉体育学院	教授/硕导
王某某	首都体育学院	教授/博导
颜某某	首都体育学院	教授/博导
汪某某	北京冬奥组委文化活动部	研究员
徐某	北京冬奥组委会总体策划部	部长
伍某	北京市滑雪协会	副主席
李某	北京市延庆区体育局	副局长
李某某	中国登山协会新项目部	秘书长

---

① 王伟军，蔡国沛. 信息分析方法与应用［M］. 北京：北方交通大学出版社，2010.

1.3.2.4　问卷调查法

严格按照社会学、统计学以及体育科研方法的相关要求，结合运动休闲特色小镇扶贫效应指标体系的实证需要对问卷进行设计，由 8 名专家进行内容效度检验，运用简单随机抽样法，随机抽取太舞滑雪小镇的工作人员和当地居民进行问卷调查。课题组成员带领研究生共计发放问卷 350 份，回收 342 份，有效问卷 325 份，有效回收率 92.8%。

1. 问卷信度检验

计算问卷的同质性信度（cronbach alpha），结果发现：问卷的克隆巴赫 a 系数为 0.926（N = 325），克隆巴赫 a 系数大于 0.9，说明太舞滑雪小镇扶贫效应问卷的内部一致性非常好，误差较小，量表的信度系数较高。

2. 问卷效度检验

效度检验分为结构效度检验和内容效度检验。计算问卷的结构效度采用 KMO 取样适当性检定（Kaiser-Meyer-Olkin），结果发现，KMO 值为 0.938（N = 325）（见表 1 - 4），即 KMO 值大于 0.7，说明太舞滑雪小镇扶贫效应问卷的结构效度良好。此外，邀请了 8 位体育经济与管理、休闲体育领域的专家对问卷内容进行全面审核评定，并对问卷的内容做出"很高、较高、一般、较低、很低"五级程度评价。评价结果显示，太舞滑雪小镇扶贫效应问卷内容效度较高（见表 1 - 4）。

表 1 - 4　　　　　　　　　　　**KMO 和 Bartlett 检验**

取样足够度的 Kaiser-Meyer-Olkin 度量		0.938
Bartlett 的球形度检验	近似卡方	4479.385
	Df	105
	Sig.	0.000

表 1 - 5　　　　　　　　**问卷内容效度评价结果统计（N = 8）**

	很高	较高	一般	较低	很低
太舞滑雪小镇扶贫效应问卷	5	3	0	0	0

注：N = 样本量。

1.3.2.5 层次分析法

层次分析法（analytic hierarchy process，AHP）是基于运筹学理论演进而来的决策方法，广泛运用于社会的各个领域，具有实用性和有效性。通过4个基本步骤：确定评价因素、构造对比矩阵、计算权向量、进行一致性检验，得出指标权重数值。因此，将运动休闲特色小镇扶贫效应的评价指标体系分解为不同的层次结构：一级指标、二级指标，采用判断矩阵特征向量的办法，计算指标的优先权重，最后再运用加权的方法归并，确定各指标的最终权重。该方法是一种定性和定量有机结合、层次化、系统化的分析方法，能够使人较为简单明了地了解指标的相对重要性。

1.3.2.6 模糊综合评价法

模糊综合评价法（fuzzy comprehensive evaluation，FCE）是主观赋权法的类型之一，以模糊数学为基础。该方法主要用于综合评估多种因素影响下的现象或事物的本质。模糊综合评价法的主要优势有：结果清晰易懂且具有唯一性，系统性强，能较好地运用数学手段解释模糊的、难以量化的客观现象，相较于其他主观赋权法，更加强调定性和定量因素相结合，使评价数度得以提高，评价结论更加可信。其基本的原理为：确定评价指标的集合评集，根据各个因素的权重及隶属值，得出模糊判断矩阵，通过模糊运算归一化，得到最终结果。模糊综合评价法针对解决新领域内产生的新问题具有独特的优势，在评判的过程中不受评价对象所在集合的影响，对评价对象有唯一的评判值。本书研究中有两处使用该方法：一是用于评价运动休闲特色小镇扶贫效应评价指标体系的合理性，二是用于评价太舞滑雪小镇的扶贫效应。

1.3.2.7 案例研究法

案例分析方法是体育社会学研究的重要方法之一。案例分析能够对体育社会领域中的实践进行客观描述，并对相关理论进行验证。体育产业与旅游产业融合的相关理论是对社会实践领域中的现象进行研究的产物，因此，案例研究成为本书不可或缺的研究方法。本研究第5章"体育产业与旅游产业融合的业态模式"中涉及的案例资料主要来源于文献资料，既涉及国内的案例，又涉及国外的案例。本书第6章"体育产业与旅游产业融合的综合效益"中涉及的案例资料主要来自实地调查。

1.3.3 研究的技术路线与结构安排

本书研究的技术路线如图1-2所示。

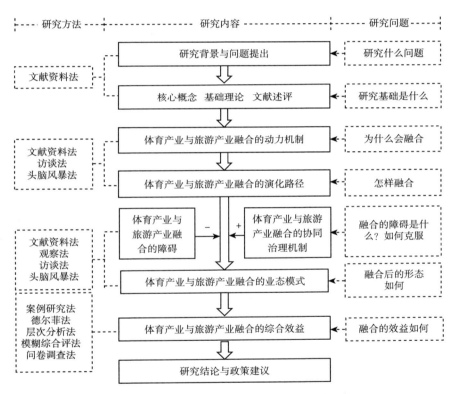

图1-2 研究的技术路线与结构安排

第1章是导论。通过PEST分析得出体育产业与旅游产业融合的环境不断向好的判断，与之形成对比的是体育产业与旅游产业融合的现状不尽如人意，基于这些背景提出本书的研究问题。然后简要介绍本书的研究目的与研究意义、研究内容与研究方法，并说明研究的技术路线和结构安排。

第2章是理论基础与文献综述。首先对本书研究涉及的核心概念进行界定，然后阐述本书研究依据的理论，包括演化经济学理论和协同治理理论。最后围绕本书的研究问题对相关文献进行梳理和评价，从而引出本书的研究内容。

第3章是体育产业与旅游产业融合的动力机制。从政策、市场、技术等方面分析体育产业与旅游产业融合的外部动力，从产业关联度、资源的依赖性、竞争优势、经济效益等方面分析体育产业与旅游产业融合的内部动力，为后续研究奠定基础。

第4章是体育产业与旅游产业融合的内涵与演化路径。界定体育产业与旅游产业融合的内涵，然后依据演化经济学理论，分析体育产业与旅游产业融合的演化过程，并综合考虑体育产业与旅游产业融合的要素与模式，构建体育产业与旅游产业融合的路径。

第5章是体育产业与旅游产业融合的业态模式。通过调研我国目前的体育旅游发展状况，将体育产业与旅游产业融合后的主要业态模式归纳为7种类型：体育赛事旅游、体育节会旅游、体育主题公园、运动休闲特色小镇、运动度假综合体、高端运动俱乐部、康养旅游综合区，同时对这些业态模式在国内外的典型案例进行梳理。

第6章是体育产业与旅游产业融合的综合效益。主要分析体育产业与旅游产业融合的综合效益，即发展体育旅游业所带来的经济效益、社会与文化效益和环境效益。然后选择太舞滑雪小镇作为案例，研究其发展运动休闲产业的扶贫效应。

第7章是体育产业与旅游产业融合的障碍与协同治理机制。从我国体育产业与旅游产业融合的现状与存在的问题切入，探析影响体育产业与旅游产业融合的障碍因素，识别体旅融合协同治理的多元主体，分析体旅融合多元主体协同治理的过程，构建体旅融合多元主体协同治理的推进机制。

第8章是研究结论和政策建议。首先，对前述的研究内容进行总结；其次，提出推动我国体育产业与旅游产业高质量融合发展的政策建议；最后，指出本书的创新点与研究局限，以及进一步的研究方向。

第2章

理 论 基 础 与 文 献 综 述

2.1　核心概念界定

2.1.1　产业

　　西方早期传统的产业组织理论将产业界定为供给同类产品或服务的企业的集合。后来有学者在此基础上进行了延伸，认为产业是居于微观层次的单体企业与宏观层次的国民经济之间的一个中观层次的概念①。传统的社会主义经济学理论将产业限定在物质生产部门的范畴内，而在现代的经济学理论中，产业泛指国民经济中的各个具体部门，如工业、农业、服务业。新西兰经济学家费歇尔根据世界经济发展史上人类经济活动的发展规律，创立了三次产业分类法，第一产业是指处于第一阶段的农业，第二产业是指处于第二阶段的工业，第三产业是指处于第三阶段的流通业、服务业等②。这一分类法得到广泛的认同，并一直沿用至今。1985 年，国家统计局发布《关于建立第三产业统计的报告》，首次对我国的三次产业进行了划分；后来几经修订，形成了《三次产业划分规定》；2018 年，国家统计局对该规定进行了修订。根据最新

---

① 杨治. 产业经济学导论［M］. 北京：中国人民大学出版社，1985.
② Fisher A. The clash of progress and security［M］. London：Macmillan Co. Ltd，1935.

规定，体育产业和旅游产业均属于第三产业的范畴①。

2.1.2　体育产业

关于体育产业的内涵和外延，学者们至今没有达成一致的意见。鲍明晓对学者们的观点进行了总结，比较有代表性的观点有以下几种：（1）体育产业是体育运动有关的所有生产经营活动。该观点认为体育产业由体育产品（如体育器材、体育服饰等）的生产与经营以及体育服务（如竞赛表演、健身娱乐、体育传媒、咨询培训、体育经纪等）的生产与经营两个部分构成。（2）体育产业就是以活劳动形式向消费者提供体育服务的行业②，包括竞赛表演业、健身娱乐业、体育传媒业、咨询培训业、体育经纪业等。该观点将体育产业提供的产品局限于服务，可以认为是狭义的体育产业定义。（3）体育产业是指体育事业中可营利的部分③。（4）体育产业是指运行于社会主义市场经济体制下的体育事业④。

相比之下，第一种观点能够较为全面地涵盖体育产业的内涵和外延，我国体育行政部门也沿用了这种观点。1995 年，国家体委下发了《体育产业发展纲要》，将体育产业划分为三种类别：一是体育本体产业，即以体育服务为主体的经营活动，如体育彩票、体育经纪、体育教育科技等。二是与体育相关的产业，如体育用品、运动营养食品、体育传媒、体育保险、体育广告等。三是体办产业，指体育部门开展的体育产业以外的创收性生产经营活动。2019 年，国家统计局发布了《体育产业统计分类（2019）》，将体育产业分为体育管理活动，体育场地和设施管理，体育健身休闲活动，体育竞赛表演活动，体育经纪与代理、广告与会展、表演与设计服务，体育传媒与信息服务，其他体育服务，体育教育与培训，体育用品及相关产品销售、出租与贸易代理，体育场地设施建设，体育用品及相关产品制造 11 个大类⑤。

---

① 关于修订《三次产业划分规定（2012）》的通知［EB/OL］. http：//www.stats.gov.cn/tjsj/tjbz/201804/t20180402_1591379.html，2018 – 03 – 27.
② 张岩. 体育产业辨析［J］. 成都体育学院学报，1995（2）：1 – 6.
③ 梁晓龙. 对当前我国体育产业发展若干问题的思考［J］. 体育文化导刊，2005（1）：3 – 7.
④ 鲍明晓. 我国体育市场投资前景分析［J］. 天津体育学院学报，2000（2）：1 – 5.
⑤ 国家体育总局. 解读《体育产业统计分类（2019）》［EB/OL］. http：//www.sport.gov.cn/n316/n340/c902402/content.html，2019 – 04 – 11.

2.1.3　旅游产业

旅游产业，是指依托旅游资源和旅游设施，以旅游市场为对象，以旅游产品为手段，为旅游者提供旅游活动所需的餐饮、住宿、交通、游览、购物、文娱等服务的综合性行业。

关于旅游业的构成，代表性的观点有以下几种：（1）旅游产业包含住宿业、旅行社业、交通运输业、旅游景区和各级旅游管理机构五大部门[①]。（2）旅游产业包含吃（旅游餐饮）、住（宾馆住宿）、行（旅游交通）、游（景观旅游）、购（旅游商品）、娱（休闲娱乐）六大要素[②]。该观点产生于20 世纪 80 年代中国大陆实行计划经济的特定时期，当时海外入境观光旅游开始发展，根据入境团队客人的需求，针对我国接待能力不足的现实，政府从供给角度提出这一行政管理对策思路。（3）旅游业包括直接旅游企业、辅助性旅游企业与开发性组织。直接旅游企业包括旅行社、饭店、餐馆、交通运输公司、旅游景区、游乐场所、旅游商店等；辅助性旅游企业包括酒店管理公司、旅游商品公司、旅游影视、广播、出版业，以及供给某些旅游地的基础设施和服务设施的部门；开发性组织是指与旅游相关的政府管理机构，如旅游局、旅游院校及科研机构、园林局、文物局等[③]。该观点对旅游产业的定义过于宽泛，在统计中容易重叠，难以把握，所以被采用得较少。（4）世界贸易组织（WTO）的旅游卫星账户（TSA）依据与旅游活动关系的密切程度，将旅游产业划分为旅游特征产业、旅游相关产业和其他产业。旅游特征产业是指传统的住宿、旅行社、交通运输、旅游景区和旅游管理机构五大部门，旅游相关产业是指零售业、广告传媒业等，其他产业包括汽油、食品、饮用水等。宋子千等（2001）把旅游产业划分为旅游基本行业、直接旅游相关行业和间接旅游相关行业，这与 WTO 的观点是一致的[④]。这种观点面临的问题在于难以区分不同行业与旅游业的亲疏关系，在统计旅游业的地位与贡献时

---

① Victor T. C. M. Marketing in travel and tourism ［M］. Oxford：Butterworth-Heinemann, 1988：78.

② 王大悟，魏小安. 旅游经济学 ［M］. 上海：上海人民出版社, 2000.

③ 国家旅游局人事劳动教育司. 旅游学概论 ［M］. 北京：中国旅游出版社, 2001.

④ 宋子千，郑向敏. 旅游业产业地位衡量指标的若干理论思考 ［J］. 旅游学刊, 2001（4）：27－30.

也更为复杂。（5）旅游业是以旅游吸引物为依托，为旅游者提供旅游活动所需的产品和服务的产业的集群，涵盖了第一、第二和第三产业①。鉴于第二种观点已经成为行政部门和学术界普遍接受的观点，因此，本书继续沿用该种观点，即旅游产业由、游、购、娱六大要素构成。

2.1.4 产业融合

融合是由于新事物的出现而引起不同系统向同一方向共同演进，而形成一个新系统的过程②。从主流观点来看，对于产业融合而言，这个"新事物"就是指新技术，产业融合是指由于技术变革引发的产业边界的重新界定③。也有学者从产品的角度出发，将产业融合界定为不同产业或同一产业内部的不同产品之间通过交叉、渗透、延伸，最后形成新产业的发展过程④。还有学者综合以上观点，提出产业融合是在管制放松和技术变革的条件下，在产业边界处逐渐发生了技术融合现象，促使原来产业的产品特征和市场需求发生变化，导致产业所属企业之间的竞合关系发生改变，最终使产业边界变得模糊，甚至产业边界被重新划分的经济现象⑤，产业融合意味着原有价值链解体、产业边界发生变化、新的价值链重构，并产生新的竞争空间⑥。

综合以上观点，本书研究认为，产业融合是指两个或者两个以上原本相互独立的产业突破彼此的边界相互渗透，逐渐形成兼具多个产业特性的新业态和新产品的过程。

---

① 庄军. 论旅游产业集群的系统架构 [J]. 桂林旅游高等专科学校学报，2005 (4)：11 - 15.

② 胡金星. 产业融合的内在机制研究 [D]. 上海：复旦大学，2007.

③ [日] 植草益. 信息通讯业的产业融合 [J]. 中国工业经济，2001 (2)：24 - 27.

④ Greenstein S. , Khanna T. What does industry convergence mean? [A]. in: Yoffie D. B. Competing in the age of digital convergence [C]. Boston: Harvard Business School Press, 1997.

⑤ 马健. 产业融合理论研究评述 [J]. 经济学动态，2002 (5)：78 - 81.

⑥ Hacklin F. , Adamsson N. , Marxt C. Design for convergence: Managing technological partnerships and competencies across and within industries [R]. International conference on engineering design ICED 05 Melbourne, August15 - 18, 2005.

2.1.5　协同治理

"协同"最初来自希腊文，意思是"共同工作"。德国科学家哈肯提出，将协同作为一门系统科学的理论，即协同学。其核心思想是，在现代社会中，人们不得不越来越多地面对复杂系统，这就要求建立一种用统一的观点和模式去处理复杂系统的方法，使系统从无序向有序转化[1]。"治理（governance）"是西方政治学家和管理学家在20世纪90年代基于社会资源配置中的"国家失效"和"市场失效"现象提出的概念。治理不是一整套固定的制度或规则，而是为了实现某一目标而协同不同利益主体并持续采取联合行动的过程，其过程不是"管制"而是"协作"，治理中的相关主体以共同的价值观协作解决各个层面的矛盾和冲突，以实现共同目标[2]。联合国全球治理委员会认为，"治理"是使相互冲突的不同利益主体得以调和并且采取联合行动的持续过程，包括具有法律约束力的正式制度和规则，以及各种促成协商与和解的非正式的制度安排。治理的主体是多元化的，治理权威是多样化的，子系统之间相互协作、动态发展，具有社会秩序的规范性和自组织的协调性[3]。

协同治理（collaborative governance）理论是在协同学和治理理论基础上发展起来的。多纳休（Donahue）首次将"协同治理"的概念应用于公共治理领域，他将协同治理定义为政府通过与其他行为者以共享自由裁量权的方式共同努力追求官方选择的公共目标[4]。安塞尔和加什（Ansell & Gash）认为，协同治理是指单个或多个公共机构与非政府性的利益相关者在正式的、以达成共识为导向的、旨在制定或执行公共政策或管理公共项目或资产的共同决策过程中，进行协商式对话的一种治理安排[5]。李辉等提出，协同治理是基于

---

① ［德］H. 哈肯. 协同学和信息：当前情况和未来展望［M］. 昆明：云南大学出版社，1994.

② Commission on Global Governance. Our global neighborhood［M］. Oxford：Oxford University Press，1995.

③ 姬兆亮，戴永翔，胡伟. 政府协同治理：中国区域协调发展协同治理的实现路径［J］. 西北大学学报（哲学社会科学版），2013（2）：122 – 126.

④ Donahue J. On collaborative governance［R］. Corporate social responsibility initiative working paper. Cambridge，MA：Harvard University，2004.

⑤ Ansell C.，Gash A. Collaborative governance in theory and practice［J］. Journal of Public Administration Research and Theory，2007（18）：543 – 571.

资源和要素在政治国家、社会公民、社会组织等多元主体间的良好匹配，以实现善治目的的一种治理方式①。李汉卿指出，协同治理是寻求有效治理结构的过程，在这种过程中，多个主体之间通过关系和行为的协同，以实现"1 + 1 > 2"的效果②。可见，协同治理是一种新兴的治理安排，其核心内涵是强调多元治理主体之间的协作。在西方，该理论已被应用到管理学、社会学、政治学等诸多研究领域，在社会科学研究领域已经成为一种不可或缺的方法工具和分析框架。该理论被引入我国后，经过本土化、中国化，逐渐被不同学科的学者关注、研究。

依据以上定义，本书将协同治理定义为多元主体基于信任关系，通过制度设计以产生有序的治理结构，从而形成共同决策、联合行动、共担风险、共享利益的局面的过程。

2.2　理论基础

2.2.1　演化经济学理论

2.2.1.1　演化经济学的产生和发展

作为现代西方经济学的一门新兴学科，演化经济学主要借鉴生物进化论的思想，以动态的、演化的视角看待经济现象，分析经济规律。最早提出"演化经济学"的是美国经济学家凡勃伦（Veblen），他于1898年提出"经济学为什么不是一门演化的科学"③。他的主要贡献在于，首次将达尔文的遗传、变异和环境选择理论运用于经济研究领域。美国经济学家博尔丁（Bouding）于1981年写成《演化经济学》一书，标志着现代演化经济学的诞生④。纳尔

①　李辉，任晓春. 善治视野下的协同治理研究 ［J］. 科学与管理，2010（6）：55 – 58.
②　李汉卿. 协同治理理论探析 ［J］. 理论月刊，2014（1）：138 – 142.
③　Veblen, T. B. Why is economics not an evolutionary science? ［J］. Quarterly Journal of Economics, 1898, 12（4）：373 – 397.
④　于斌斌. 演化经济学理论体系的建构与发展：一个文献综述 ［J］. 经济评论，2013（5）：139 – 146.

逊（Nelson）和温特（Winter）于 1982 年合著的《经济变迁的演化理论》①，标志着现代演化经济学的基本形成。达尔文的生物进化论在该书中得到充分运用，熊彼特提出的创新理论以及西蒙创立的人类行为理论和组织行为理论在该书中得到批判性继承。他们通过对经济理论进行重构提出的经济演化理论，成为演化经济学发展的坚实基础。20 世纪 90 年代以来，演化经济理论被广泛应用于社会经济研究领域，在分析各种经济现象和经济规律时，越来越多的学者开始采用动态的、演化的观点看问题。

2.2.1.2 演化经济学理论的特征

按照魏特（Witt）的定义，演化即事物随着时间的推移而自我变化的过程②。演化具有动态性、微观性、有限理性、持久异质性、创新性、承载性③。相比主流经济学，演化经济学的特征包括：（1）用动态的、演化的方法看待经济现象和经济规律，认为均衡只是暂时的，并且存在"多重均衡"。（2）以达尔文生物进化论中的遗传机制、变异机制、选择机制等三种机制为基本分析框架。（3）重视惯例、创新和模仿创新在经济演化中的作用，认为"新奇"创造的多样性是经济系统变迁的基础。（4）认为经济演化的过程不可逆。（5）强调经济变迁的路径依赖，个人或者组织等参与者的行动会影响到经济系统的未来结构与发展路径。（6）认为不确定性因素和偶然性因素会影响经济变迁轨迹④⑤。

2.2.1.3 演化经济学理论的分析框架

纳尔逊和温特借鉴达尔文生物进化论的观点，构建了采用遗传机制、搜寻机制和选择机制的分析框架，以分析不同层次上经济系统的动态变迁过程。

惯例与遗传机制。惯例是指企业日积月累形成的生产技术、规则、企业

① [美] 纳尔逊，温特. 经济变迁的演化理论 [M]. 胡世凯，译. 北京：商务印书馆，1997.

② Witt U. Evolutionary economics：An interpretative survey [A]. in：Dopfer K. Evolutionary econom-ics：Program and scope [C]. Boston：Kluwer Academic Publisher, 2001.

③ 陈劲，王焕祥. 演化经济学 [M]. 北京：清华大学出版社，2008.

④ 刘阳. 演化经济学研究综述 [J]. 学术交流，2010（10）：142 - 147.

⑤ 于斌斌. 演化经济学理论体系的建构与发展：一个文献综述 [J]. 经济评论，2013（5）：139 - 146.

文化及行为方式等，是企业的经验和知识的载体，导致了企业的异质性，构成了企业可以遗传的"基因"。惯例在一定时期内是稳定的，但一旦按照惯例运行达不到令人满意的效果，企业就会搜寻新的惯例或者创造新奇，产生变异①。

搜寻与变异机制。搜寻是指企业偏离或扬弃惯例，创造新奇的过程。搜寻对应于生物进化论中的变异概念，包括模仿与创新两种模式，模仿是在已有的知识库中寻找适合自己需要的管理，创新是指开发出原来没有的惯例。与模仿相比，创新更具有不确定性，是经济系统演化的核心。变异是传统路径的基因突变②。

市场竞争与选择机制。市场竞争与生物界中的生存竞争类似，面对搜寻所产生的诸多新惯例，企业依据新惯例可能带来的绩效的高低进行选择，选择的结果是生存率的差异③。选择是一个持续变化的动态过程，不会出现均衡状态，因为任何一个偶然因素或不确定因素都可能使通向均衡的过程中断。不同的企业经过市场选择，有些生存下来并发展壮大，有些被市场淘汰④。

2.2.1.4　演化经济学理论在体育产业和旅游产业融合研究中的应用

体育产业与旅游产业融合是两大产业各自的产业结构发生失稳、彼此之间跨界融合发展的现象。融合后形成了体育旅游新业态，以满足新的、多样化的市场需求。产业融合从企业层面开始，然后向整个产业扩散。之所以将演化经济学理论应用于体育产业与旅游产业融合的研究，在于两者存在三种契合关系。首先，过程契合。产业融合是一个动态的、演化的过程，而演化经济学旨在解释"事情是如何发生的"，是一种过程经济学、动态经济学。其次，方法论耦合。演化是一个从个体发育开始，逐渐向系统自组织发展的过程，演化经济学的方法论基础是自组织理论，而体育产业与旅游产业融合也

---

①　孙晓华，邵珊，孙笑竹. 演化经济学研究综述 [J]. 中国地质大学学报（社会科学版），2010（5）：119 – 124.

②　[瑞士] 库尔特·多普菲. 演化经济学：纲领与范围 [M]. 贾根良等，译. 北京：高等教育出版社，2004.

③　严伟. 演化经济学视角下的旅游产业融合机理研究 [J]. 社会科学家，2014（10）：97 – 101.

④　王兆峰，杨卫书. 基于演化理论的旅游产业结构升级优化研究 [J]. 社会科学家，2008（10）：91 – 95.

是一种从企业个体发育、惯例形成到新奇创造、市场选择的自组织过程，所以两者具有共同的方法论基础。最后，层次契合。体育产业与旅游产业融合最初是体育企业和旅游企业为了谋求生存和发展而做出的战略选择，从而开发出具有市场吸引力的融合型产品即体育旅游产品，其他企业认识到新产品的市场效应后竞相追随和模仿，最终形成产业层面的融合现象。演化经济学强调的也是微观效应到宏观效应的演化过程，构建了从微观到宏观的分析框架。综合以上分析，演化经济学适合应用于体育产业与旅游产业融合的研究。本书研究主要运用演化经济学的分析框架和逻辑体系分析体育产业与旅游产业融合的演化路径。

2.2.2　协同治理理论

2.2.2.1　协同治理理论的产生与发展

协同治理理论是基于协同学理论和治理理论发展起来的。美国学者伊戈尔·安索夫（Igor Ansoff）率先将协同思想应用于管理学研究，认为企业对自身的投资、运营、营销等战略进行合理安排，能够使资金、人才等要素得以优化配置，产生协同效应，从而提升企业的盈利能力①。20 世纪 70 年代，德国学者赫尔曼·哈肯（Hermann Haken）创立了协同学理论，并把它应用到物理现象、化学现象和生物现象中②。伴随着交叉学科的兴起，协同学理论在社会科学领域也取得了长足发展，为协同治理理论奠定了基础。

20 世纪中后期，治理理论迅速发展、完善，并发展出了多中心治理理论和协作性公共管理理论。英国学者迈克尔·博兰尼（Michael Berry）于 1951 年提出"多中心"的概念，他认为，多中心的任务需要靠互相调整的体系来完成③。该概念经过发展，形成了多中心治理理论，认为复杂系统从无序走向有序的结构和过程需要由多元的权力中心来协作完成，主张政府市场社会多

---

① ［美］安索夫. 新公司战略［M］. 曹德骏，范映红，袁松阳，译. 成都：西南财经大学出版社，2009.

② ［德］赫尔曼·哈肯. 高等协同学［M］. 郭治安，译. 北京：科学出版社，1989.

③ ［英］迈克尔·博兰尼. 自由的逻辑［M］. 冯银江，李雪茹，译. 长春：吉林人民出版社，2011.

元共治、权力分散，向社会多元主体让渡更多的治理空间，充分发挥其在复杂系统中的秩序生成优势，实现治理主体的多元化以及协同合作，以应对复杂系统中的各种问题①。作为多中心治理理论的代表人物，迈克尔·麦金尼斯界定了"协作生产"的概念②，阐述了协作生产、协同作用与发展，提出地方社群的参与是可持续发展的关键，这种模式对发展中国家产生了极大影响。凌汤姆（Ling T.）提出最佳整体政府组织模式，认为政府可以从四个方面进行协同合作。一是设计目标激励机制和问责体系。以结果和顾客满意为导向设立目标，通过规则协议、评估机制及问责机制，实现权利和责任的统一。二是组织内部合作。政府部门创新组织形态，通过共享信息、人员培训，构建基于共同价值观的整体组织。三是组织之间的合作。区别于传统的官僚体制，各级政府、部门、社会组织及公众通过领导权和预算共享、结构融合及团队联合等方式，形成一个全新的网络组织。四是新的服务供给方式。在充分考虑公众意见的基础上，通过公众参与、商议、反馈及过程控制与监管等环节，满足公众的需求。通过以上四个方面的有机结合，构建整体政府组织模式③。

20 世纪 90 年代，协同治理理论迅速兴起并得到广泛的关注和认同。理论研究成果日渐丰富，实践层面的应用也随之展开，尤其是全球化浪潮及公共危机的增加，使得世界各国逐渐面临自我改革的挑战，其纷纷以提升公共事务的行政管理效率为目标，进行公共行政领域改革，提高公共服务的供给效能。由于过度地强化政府部门的主体地位，使得一些国家在改革的实践中困难重重。人们逐渐认识到，相对于政府单一治理，以政府、非政府、公众等为多元主体的公共事务治理模式，能够收到更好的效果。这一思想与协同治理理论耦合，为协同治理理论在实践中的运用奠定了基础④。相关研究主要聚焦于如何将协同治理理论与实践相结合，运用多元主体协同治理模式，构建较为复杂的公共困境解决方案。

---

① 孔繁斌. 公共性的再生产：多中心治理的合作机制研究 [M]. 南京：江苏人民出版社，2012.

② [美] 迈克尔·麦金尼斯. 多中心治道与发展 [M]. 王文章，毛寿龙等，译. 上海：上海三联书店，2000.

③ Ling T. Delivering joined up government in the UK：dimensions，issues and problems [J]. Public Administration，2002（4）：615 – 642.

④ 冯振伟. 体医融合的多元主体协同治理研究 [D]. 济南：山东大学，2019.

2.2.2.2　协同治理理论的分析框架

目前，国内外对协同治理理论的研究仍处于起步阶段，尚未形成完善的理论体系。综合安塞尔和加什[①]、马晓东和周晓丽[②]及田培杰[③]的研究，构建协同治理的综合模型（如图 2 - 1 所示），作为协同治理理论的分析框架。

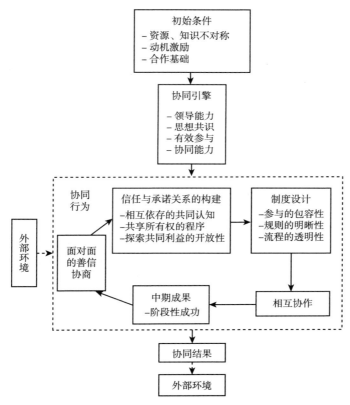

图 2 - 1　协同治理的综合模型

---

①　Ansell C. , Gash A. Collaborative governance in theory and practice ［J］. Journal of Public Administration Research and Theory, 2007 （18）: 543 - 571.

②　马晓东，周晓丽. 协作治理的内涵、动因及模式分析 ［J］. 金陵科技学院学报（社会科学版），2013 （4）: 23 - 28.

③　田培杰. 协同治理：理论研究框架与分析模型 ［D］. 上海：上海交通大学，2013.

该模型将协同治理分为初始条件、协同引擎、协同行为、协同结果四个阶段。

初始条件包括：（1）资源、知识不对称。如果协同治理各主体之间存在资源、知识不对称，那么各主体通过协同获取外部资源和知识的愿望会更强烈，这会促使协同治理局面的形成。（2）动机激励。协同各方认识到协同治理的潜在利益，这对他们形成了激励，促使其更加主动地参与协同治理。（3）合作基础。如果协同系统中两方或者多方有过合作的基础，那么他们就建立了初始信任，这使协同治理关系更容易建立起来。

协同引擎包括：（1）领导能力。有具备高超技巧和协作能力的协同领导人，以推进协同进程。领导人在建立信任关系、促进对话、设置和维护基本规则、探讨共同收益方面具有十分关键的作用。（2）思想共识。协同各方具有较为一致的理念和目标。（3）有效参与。参与各方应有足够的话语权，实质性地参与到协同治理过程中。（4）协同能力。协同各方有能力胜任所应承担的职责。

协同行为包括：（1）面对面的善信协商。这是协同行为的起点。由于沟通是协作的前提，因此，面对面坦诚地协商十分必要。（2）信任与承诺关系的构建。建立信任与承诺关系是协同的根本要求。而保证信任和承诺关系持续性的前提是构建相互依存的共同认知、共享所有权的程序、探索共同利益的开放性。（3）制度设计。制度设计是协同治理中最重要的环节，科学的制度设计可以保证协同治理行为的合法性。制度设计要保证参与的包容性、规则的明晰性和流程的透明性。（4）相互协作。这是协同治理的核心环节。（5）中期成果。协同治理取得阶段性成果，这是协同行为中一个循环的终点。然后再进入下一个循环。

经过以上程序，最终达到了协同结果。值得注意的是，政治、经济、社会、技术等因素可以影响协同治理各个主体之间的互动关系，甚至可以使协同治理的成员结构发生变化。同时，协同治理的结果也会对外部环境产生影响。

2.2.2.3 协同治理理论在体育产业与旅游产业融合研究中的应用

本书运用协同治理理论构建体育产业与旅游产业融合的多元主体协同治理机制。首先识别体旅融合的多元主体，分析协同各方的资源、知识情况，协同各方期望达到的目标以及合作的基础，然后分析谁最可能成为协同领导人，如何达成思想共识，各方如何有效参与协同，是否有能力完成协同任务，接着分析协同各方如何进行面对面的协商，如何构建信任和承诺，如何进行制度设计，如何相互协作。此外，分析外部环境如何影响协同治理的过程，协同治理的结果如何反作用于外部环境。

2.3　文献综述

2.3.1　产业融合相关研究

2.3.1.1　产业融合的主体与客体

产业融合的主体是指直接促进或推动产业融合产生的核心力量。从产业融合的定义来看，产业融合是由于产业所属的企业开发融合型产品，促使企业之间的竞争和协作关系改变而产生的，因此，产业融合的主体是那些生产融合型产品的企业。

产业融合的客体是指产业融合行为作用的对象。具体而言，产业融合的直接结果是产生了融合型产品或服务，即原来相互独立的产品或服务通过融合变成具备多种产业属性或功能的新的产品或服务，因此，产业融合的客体就是融合型产品或服务①。

2.3.1.2　产业融合的分类

关于产业融合的分类，从技术角度，可分为替代性融合和互补性融合②；从市场供需角度，可分为需求融合和供给融合③；从融合程度角度，可分为全

---

①　胡金星. 产业融合的内在机制研究 [D]. 上海：复旦大学，2007.

②　Greenstein S. , Khanna T. What does industry convergence mean? [A]. in: Yoffie D. B. Competing in the age of digital convergence [C]. Boston: Harvard Business School Press, 1997.

③　Pennings, J. M. , Puranam P. Market convergence and firm strategy: New directions for theory and research [A]. ECIS Conference, The Future of Innovation Studies, Eindhoven, The Netherlands, 2001.

面融合和部分融合①；从融合方式角度，可分为产业渗透、产业交叉、产业重组②；从系统角度，可分为结构融合和功能融合；从制度视角，可分为标准融合和产业管制政策与管理机构的融合；从模块角度，可分为模块互补融合和模块替代融合③；从融合方向角度，可以分为纵向融合、横向融合和混合融合；从融合结果角度，可以分为吸收型融合和扩展型融合④。

2.3.1.3　产业融合的动力

对于产业融合产生的动力，学者们主要从政府管制放松和技术进步两个角度进行分析。如波特（Porter）认为，技术融合或创新能够促使传统产业的边界发生变化，是产业融合产生的主要动力⑤。约菲（Yoffie）⑥、植草益⑦进一步研究发现，技术进步、政策管制放松和管理创新是产业融合的主要动力。马健认为，技术革新是内在原因，管制放松是外部原因⑧。也有学者认为，战略联盟或者并购、竞争的压力也是产业融合的动力因素⑨⑩。综合以上研究可以看出，产业融合是内外部因素共同作用的结果。

2.3.1.4　产业融合的过程

弗里曼（Freeman）提出，产业创新要经历技术、产品、流程、管理和市

---

① 厉无畏，王慧敏.国际产业发展的三大趋势分析［J］.上海社会科学院学术季刊，2002（2）：53－60.

② 胡汉辉，邢华.产业融合理论以及对我国发展信息产业的启示［J］.中国工业经济，2003（2）：23－29.

③ 胡金星.产业融合的内在机制研究［D］.上海：复旦大学，2007.

④ 胡永佳.产业融合的经济学分析［M］.北京：中国经济出版社，2008.

⑤ Porter M. E. Competitive advantage ［M］. New York：Free Press, 1985.

⑥ Yoffie D. B. Competing in the age of digital convergence ［J］. California Management Review. 1996, 38（4）：31－53.

⑦ ［日］植草益.信息通讯业的产业融合［J］.中国工业经济，2001（2）：24－27.

⑧ 马健.产业融合理论研究评述［J］.经济学动态，2002（5）：78－81.

⑨ 于刃刚，李玉红，麻卫华，于大海.产业融合论［M］.北京：人民出版社，2006.

⑩ 陈柳钦.产业融合的发展动因、演进方式及其效应［J］.郑州航空工业管理学院学报，2007（4）：14－19.

场等五个阶段的创新①。阿方索和萨尔瓦托（Alfonso & Salvatore）指出，产业融合需要经历三个步骤，首先是技术融合，其次是产品和业务融合，最后是市场融合，三个步骤相互衔接，才能完成产业融合的全过程②。霍珀（Hooper）认为，产业融合并非"一维空间"，而是包括了基础技术、网络、设备、企业和管制五个方面③。胡金星基于系统理论分析指出，不同产业间的企业由于非线性的竞争与协同，产生了相互作用，从而改变了原有系统的线性关系，进而使得系统朝新的有序化方向发展，最终导致了新型业态和新兴产业出现。这个过程是一个自组织过程④。

2.3.1.5　产业融合的程度

学者们一般采用产业融合度来测度两个或者多个产业融合的发展状况。目前主要采用的方法有熵指数法⑤、赫芬达尔指数法⑥、专利技术法⑦、投入产出法⑧等。梁伟军和易法海基于沪深两市生物产业类和农业类上市公司的经验证据，运用赫芬达尔指数法开展实证研究，得出我国生物产业和农业技术融合程度仍然处于较低水平的结论⑨。李美云使用制造业中信息技术产出占总产出的比例来测度信息产业与制造业的融合度⑩。马健通过分别衡量技术融合、市场融合和业务融合等各种融合方式的融合度，来衡量企业的整体产业融合程度⑪。

---

①　Freeman C. Technology policy and economic performance：Lessons from Japan ［M］. London：Pinter Press，1987.

②　Alfonso G. ，Salvatore，T. Does technological convergence imply convergence in markets? Evidence from the electronics industry ［J］. Research Policy，1998（27）：445 – 463.

③　Hooper R. Convergence and Regulation ［C］. TIO Conference，Melbourne，Australia，2003. 10.

④　胡金星. 产业融合的内在机制研究 ［D］. 上海：复旦大学，2007.

⑤　胡金星. 浅析产业融合产生的前提条件 ［J］. 中国科技产业，2008（4）：81 – 82.

⑥　刘恒祥. 旅游产业融合机制与融合度研究 ［M］. 北京：中国科学技术大学出版社，2019.

⑦　Fai F. M. ，Tunzelmann N. Industry-specific competencies and converging technological systems：evidence from patents ［J］. Structural Change and Economic Dynamics，2001（12）：141 – 170.

⑧　Xing W. ，Ye X. ，Kui L. Measuring convergence of China's ICT industry：An input-output analysis ［J］. Telecommunicaitons Policy，2011，35（4）：301 – 313.

⑨　梁伟军，易法海. 农业与生物产业技术融合发展的实证研究——基于上市公司的授予专利分析 ［J］. 生态经济，2009（11）：145 – 148.

⑩　李美云. 论服务业的跨产业渗透与融合 ［J］. 外国经济与管理，2006（10）：25 – 42.

⑪　马健. 信息产业融合与产业结构升级 ［J］. 产业经济研究，2003（2）：37 – 42，55.

2.3.1.6 产业融合的效应

产业融合从微观上可以降低交易成本，具有成本节约效应；从中观上能够促进有效竞争，使市场结构趋于合理化；从宏观上可以重塑产业组织、拓展产业发展空间①。陈柳钦认为，产业融合是一种由创新引起的产业结构调整，具有创新性优化效应；能够优化市场结构，具有竞争性结构效应；引发企业组织之间产权结构调整和组织内部结构创新，具有组织性结构效应；提升了产业竞争能力，具有竞争性能力效应；有助于消费提升，具有消费性能力效应；有助于推动区域一体化发展，具有区域效应②。

2.3.2 体育产业与旅游产业融合相关研究

迄今为止，国外关于体育产业与旅游产业融合的研究较少，国内相关研究较为丰富，主要集中在以下方面。

2.3.2.1 融合的基础

功能方面，体育产业与旅游产业融合的基础是体育的表现性、运动性、参与性功能与旅游的体验性需求相统一③。产业性质方面，体育产业具有内涵复杂、消费需求大、对空间依赖性强等特点，而旅游产业则具有无边界综合性、空间包容性等特点④。体育产业与旅游产业具有天然的耦合性，包括与经济增长的耦合，与创意产业的耦合，与区域优势的耦合⑤。两者在空间上叠加

---

① 胡永佳. 产业融合的经济学分析 [M]. 北京：中国经济出版社，2008.
② 陈柳钦. 产业融合的发展动因、演进方式及其效应 [J]. 郑州航空工业管理学院学报，2007（4）：14 – 19.
③ 康保苓. 产业融合背景下旅游与体育的互动研究 [J]. 旅游论坛，2011（3）：45 – 48.
④ 江广金. 谈体育产业与旅游产业的对接与融合 [J]. 商业时代，2013（34）：129 – 130.
⑤ 周平，白晋湘. 民族传统节庆体育与旅游产业融合机理及效应——以内蒙古那达慕为个案 [J]. 西安体育学院学报，2018（1）：82 – 87.

互促，在时间上相伴继起，在速度上相互牵引①，这些因素使得体育产业与旅游产业融合具有天然的基础。

2.3.2.2 融合的动力

体育产业与旅游产业融合的动力包括内部动力和外部动力，内部动力包括社会分工进一步发展、节约交易成本、降低资源依赖性、企业对范围经济的追求、企业之间的竞争与合作；在外部动力中，政策支持是支撑力，居民消费结构日趋高级化是拉动力，体验经济的盛行是驱动力，资产通用性、技术创新是推动力②③④。陈炜构建了民族地区传统体育文化与旅游产业融合发展的驱动机制模型，认为民族地区传统体育文化与旅游产业融合发展是拉力、推力、支持和中介四大系统共同作用的结果，其中，拉力系统包括民族传统体育文化资源与旅游资源的强关联性、独特的区位条件、经济利益的共赢、产业环境的优化、科技的进步与创新五个方面；推力系统包括经济发展水平、产业转型升级的需要、市场需求、企业的竞争与合作、旅游观念和认识的转变、个性化需求与服务、民族传统体育文化发展的需要七个方面；支持系统包括政府政策支持、理论研究支持、基础设施支持、旅游服务设施支持、人力资源支持、资本资源支持六个方面；中介系统包括旅行社、行业协会组织、新闻传媒、广告与口碑四个因素⑤。

2.3.2.3 融合的内容

康保苓认为，体育产业与旅游产业融合主要包括资源融合、产品融合和市场融合。资源融合体现在体育拓宽了旅游资源范围，产品融合体现在体育

---

① 尹宏，王苹. 文化、体育、旅游产业融合：理论、经验和路径 [J]. 中共四川省委省级机关党校学报，2019 (2)：120 - 128.

② 刘晓明. 产业融合视域下我国体育旅游产业的发展研究 [J]. 经济地理，2014 (5)：187 - 192.

③ 杨强. 体育旅游产业融合发展的动力与路径机制 [J]. 体育学刊，2016 (4)：55 - 62.

④ 叶晨曦. 多维视角下体育产业与旅游产业融合分析 [J]. 体育文化导刊，2017 (12)：102 - 106.

⑤ 陈炜. 民族地区传统体育文化与旅游产业融合发展的驱动机制研究 [J]. 广西社会科学，2015 (8)：194 - 198.

产业丰富了旅游产品的内容，市场融合体现在体育的集合规模效应拓展了旅游市场①。尹宏、王苹认为，两大产业的融合主要体现在要素渗透、资源共享、业态耦合、规制创新、市场叠加五个方面②。

2.3.2.4 融合的过程

体育产业与旅游产业融合本质上是两大产业共生、促进、向高附加值推升的动态过程。融合的核心是通过产业链的渗透、交叉、重组，提高资源配置效率，形成两业融合的新型价值链③，即两者的融合是产业价值链解构又重构的过程。产业专业化分工包括研发、生产制造、销售等各个独立运作的环节，产业价值链的解构建立在产业专业化分工的基础上。当政策环境、技术革新、市场需求融合等外部动力条件具备时，一些具备融合条件的价值环节就从原有产业价值链中分离出来，成为较为活跃的"价值活动单元"④，为接下来的产业重构奠定基础。"价值活动单元"在技术、业务和市场等层面进行价值链重构，以技术融合为基础，以业务融合为核心，以市场融合为结果，构成了体育、旅游两大产业融合发展的路径⑤。周平、白晋湘以内蒙古那达慕为个案研究民族传统节庆体育与旅游产业融合，认为融合过程可分为三个阶段：第一阶段为主要价值活动的识别；第二阶段为核心价值活动的"解构—截取"和"选择—重构"，也就是依据市场需求截取具有"融合点"的娱乐休闲、文化演艺、旅游观光、体育竞技、商务洽谈、康体疗养等价值活动单元，然后通过渗透、延伸、重组的融合方式重构价值系统；第三阶段形成新产业价值链，进行业务流程创新。⑥

---

① 康保苓. 产业融合背景下旅游与体育的互动研究 [J]. 旅游论坛，2011（3）：45–48.
②③ 尹宏，王苹. 文化、体育、旅游产业融合：理论、经验和路径 [J]. 中共四川省委省级机关党校学报，2019（2）：120–128.
④ 杨强. 体育与相关产业融合发展的路径机制与重构模式研究 [J]. 体育科学，2015（7）：3–10.
⑤ 杨强. 体育旅游产业融合发展的动力与路径机制 [J]. 体育学刊，2016（4）：55–62.
⑥ 周平，白晋湘. 民族传统节庆体育与旅游产业融合机理及效应——以内蒙古那达慕为个案 [J]. 西安体育学院学报，2018（1）：82–87.

2.3.2.5　融合的模式

学者们大多根据一般产业融合理论，将体育产业和旅游产业融合的模式分为渗透融合、延伸融合和重组融合。渗透融合是通过体育产业与旅游产业之间的优势互补提供优质产品或服务的融合模式，包括旅游产业向体育产业的渗透融合模式（如景区开展体育项目）和体育产业向旅游产业的渗透融合模式（如休闲健身游、体育景观游、体育赛事游、训练基地参观等）。延伸式融合发展模式是指体育产业和旅游产业在原有产品的基础上，延伸附加另一产业的产品或服务，赋予原有产业产品或服务新的附加功能，使其更具有竞争力，更能满足顾客的需求，包括旅游产业向体育产业的延伸式融合发展模式（如特色体育旅游纪念品开发和体育文化创意旅游等）和体育产业向旅游产业的延伸式融合发展模式（如户外旅游装备制造、体育博彩旅游、体育旅游主题酒店、餐吧等）。重组型融合发展模式是对两大产业进行最为充分的资源整合，旅游产品和体育产品的设计开发已经完全成为一体，如体育节庆旅游、体育会展旅游、体育产业聚集园旅游、特色体育项目旅游等[1][2]。在以上三种融合模式中，渗透型融合是一种双向融合模式，两大产业在产业价值链的各环节中彼此渗透，但融合程度较浅，原有的产业形态并没有实质改变，也没有产生新的业态。重组型融合是两大产业在价值链各环节实现较深层次的融合，形成了新的产品或服务，产生了新的业态，实现了业态创新。延伸型融合是体育产业向旅游产业的单项延伸，或是旅游产业向体育产业的单项延伸，突破了原有产业边界，赋予两大产业新的附加功能[3]。刘晓明认为，渗透性融合主要由资源驱动，重组型融合主要由产品驱动，延伸型融合主要由市场驱动[4]。

---

[1]　雷波. 我国体育产业与旅游产业互动融合模式分析［J］. 北京体育大学学报，2012（9）：40－44.

[2]　冯欣欣，林勇虎. 基于体育产业与旅游产业融合模式及其实现机制［J］. 体育文化导刊，2017（9）：108－112.

[3]　江广金. 谈体育产业与旅游产业的对接与融合［J］. 商业时代，2013（34）：129－130.

[4]　刘晓明. 产业融合视域下我国体育旅游产业的发展研究［J］. 经济地理，2014（5）：187－192.

2.3.2.6   融合的路径

根据体育产业与旅游产业的资源组合方式，可以将两者融合的路径总结为赛事与旅游融合（观赛型体育旅游、参赛型体育旅游）、体育节庆与旅游融合（节会型体育旅游）、健身与旅游融合（运动休闲型体育旅游）[①]、体育场馆服务与旅游融合（地标场馆游览旅游、场馆体育演艺旅游）[②]。卢青等将山东省体育文化资源与特色旅游的融合归纳为"八色"：蓝色（体育与海洋资源相融合）、黄色（体育与花卉资源相融合）、绿色（体育与乡村旅游资源相融合）、红色（体育与红色旅游资源相融合）、紫色（体育与传统民俗资源相融合）、灰色（体育与空间结构物及环境配套设施资源相融合）、银色（体育与购物类资源相融合）和金色（体育与节庆相融合）[③]。

2.3.2.7   融合的障碍

体育产业与旅游产业融合的障碍包括供给障碍、需求障碍和中介服务障碍。供给障碍包括传统的政府管理机构设置、体制机制、市场垄断结构等制度障碍，整合能力、核心能力和知识学习与创新能力等企业能力障碍。需求障碍包括消费行为惯性、消费者的消费能力和学习认知能力等方面的障碍。中介服务障碍包括专业人才和高层次人才的数量和结构、中介服务机构的功能和服务规范等方面的障碍[④⑤]。

2.3.2.8   融合的保障机制

促进体育产业与旅游产业融合发展，有必要构建一个包括政府、企业、

---

①   康保苓. 产业融合背景下旅游与体育的互动研究 [J]. 旅游论坛, 2011 (3)：45 – 48.

②   杨强. 体育旅游产业融合发展的动力与路径机制 [J]. 体育学刊, 2016 (4)：55 – 62.

③   卢青, 颜秉峰, 靳宇豪. 山东省体育文化资源与特色旅游融合创新研究 [J]. 山东体育学院学报, 2018 (3)：65 – 69.

④   邢中有. 产业融合视角下体育旅游产业发展研究 [J]. 山东体育学院学报, 2010 (8)：1 – 7.

⑤   周平, 白晋湘. 民族传统节庆体育与旅游产业融合机理及效应——以内蒙古那达慕为个案 [J]. 西安体育学院学报, 2018 (1)：82 – 87.

人才培养机构在内的保障机制。政府应创新体制机制、放松管制，体育部门与旅游部门加强协作和交流，制定体育产业与旅游产业融合规划，拓宽融合功能，规范和引导体育旅游市场，健全公共服务体系。企业要确立资源共享理念，建立资源共享的管理机制和协同创新机制，增强核心能力和创新能力①②，开发精品体育旅游项目，探索创新宣传机制，优化目的促销策略。人才培养机构要加强理论研究，加快专业人才培养③。

2.3.2.9　融合度

张林玲采用灰色关联分析法，测算了我国体育产业与旅游业的融合度，结果表明，我国体育产业与旅游产业的融合度较低，主要因为体育产业发展落后于旅游产业，双方的地位不对等，所以体育产业需要付出更多资源，而旅游业存在搭便车现象④。栾永鑫、伊超运用专家访谈法和层次分析法，构建了测评体育产业与旅游产业融合度的指标体系⑤。苏建军和寇敏对陕西省体育产业与旅游产业的关联性与融合度进行了定量测评，得出了两大产业融合度总体不高，但随时序演变，两者融合度逐渐趋好的结论⑥。

2.3.2.10　融合的效益

体育产业对旅游体验的深度与广度等都具有渗透和提升效应，旅游产业对体育活动具有引致和扩散效应，体育产业与旅游产业融合可为旅游目的地经济发展注入新鲜血液⑦，是中国扶贫工作的良好运营形式，可以作为区域文

① 刘晓明. 产业融合视域下我国体育旅游产业的发展研究 [J]. 经济地理, 2014 (5): 187 - 192.
② 冯欣欣, 林勇虎. 基于体育产业与旅游产业融合模式及其实现机制 [J]. 体育文化导刊, 2017 (9): 108 - 112.
③ 杨强. 体育旅游产业融合发展的动力与路径机制 [J]. 体育学刊, 2016 (4): 55 - 62.
④ 张林玲. 体育产业与旅游业融合度测算研究 [J]. 吉林体育学院学报, 2015 (1): 20 - 23.
⑤ 栾永鑫, 伊超. 体育与旅游产业融合度测评指标体系模型构建研究 [J]. 四川体育科学, 2019 (4): 100 - 104.
⑥ 苏建军, 寇敏. 我国西部体育与旅游产业融合度评价与治理机制研究——以陕西为例 [J]. 南京体育学院学报 (自然科学版), 2018 (9): 19 - 24.
⑦ 姜晓丽, 周东海, 杨丽丽. 体育旅游产业发展促进经济的作用分析 [J]. 财经问题研究, 2014 (11): 171 - 173.

化传播的"载体",特别是对于中国境内"小"民族的文化传承极具可行性①。

2.3.3 协同治理相关研究

协同治理理论自创立至今虽然只有 10 余年的历史,但是已对西方各国的治理实践产生了深刻影响。我国对协同治理理论的研究已由理论引介层面逐渐发展到本土化的理论构建、实践探索和创新尝试层面。关于协同治理的研究,国外学者主要集中于研究协同治理的产生背景(见2.2.3.1)、定义、内涵等方面(见2.1.3),国内学者主要就协同治理的意义与特征、关键因素与发展路径、政府转型与协同治理、公共服务供给与协同治理、公共危机管理与协同治理等方面开展了研究。

2.3.3.1 协同治理的意义与特征

刘晓认为,在社会主义市场经济体制下,选择协同治理范式解决公共事务治理问题,能够在很大程度上克服以政府单一主体为中心的传统行政管理范式的弊端②。大部分学者都认同对于社会公共事务管理,协同治理能够实现"1 + 1 > 2"的功效,因而是现代社会治理的理想模式和理性选择③④。杨华锋认为,协同治理的特征表现在参与者系统的开放性、文化制度结构的适应性、网络化组织的创新性、行为策略组合的多元性以及协同机制的有效性⑤。郑卫荣认为,与传统行政管理不同,协同治理具有社会关系的共治性、公共文化

---

① 朱晓蕾. 体育旅游对民族旅游地文化变迁影响与涵化模式建立 [J]. 北京体育大学学报,2018(8):139 – 145.
② 刘晓. 协同治理:市场经济条件下我国政府治理范式的有效选择 [J]. 中共杭州市委党校学报,2007(5):64 – 70.
③ 陆世宏. 协同治理与和谐社会的构建 [J]. 广西民族大学学报(哲学社会科学版),2006(6):109 – 113.
④ 何水. 从政府危机管理走向危机协同治理——兼论中国危机治理范式革新 [J]. 江南社会学院学报,2008(2):23 – 26.
⑤ 杨华锋. 协同治理:作为社会管理创新策略的比较优势 [J]. 领导科学,2012(11):54 – 55.

的契约性、社会个体的自主性等特征①。这些基础性研究有助于人们认识协同治理的内涵与价值，也为协同治理理论在实践领域的应用提供了依据。

2.3.3.2 协同治理的关键因素与发展路径

关于协同治理的关键因素和发展路径，吴春梅和庄永琪认为，协同治理的关键变量是网络、协作和整合，主要因素包括：显性因素（网络关系结构中的利益状况）、隐性因素（协作互动机制中的社会资本）以及整合因素（整合功能下的制度和信息技术因素）。发展路径包括：激发显性因素，对网络关系结构进行优化；重视隐性因素，创新协作互动机制；增加整合因素，提升整合功能效能②。马晓东和周晓丽基于安塞尔和加什（2007）的研究认为，影响协同治理成功的因素主要有四个方面：初始条件、制度设计、领导能力、协作程序。发展路径包括增强对协作共治价值的共识，注重协作中统筹领导者能力的培育，明确协作共治的规则与程序，强化信任增量建设③。闫亭豫认为，沟通、共识、信任、资源是协同治理机制形成的关键因素，具体而言，资源共享是协同机制建立的前提条件，审慎沟通是协同治理机制的建立基础，信任缔结与共识达成是协同治理机制顺畅运行的推动力量④。田培杰构建了协同治理的综合模型，认为思想共识、有效参与、协同能力是协同治理的引擎⑤。

2.3.3.3 政府转型与协同治理

关于政府转型下的治理模式选择，学者们比较一致地认为，协同治理模式是必然趋势。朱纪华认为，通过强化政府与社会的合作，转变政府职能，培育政府、市场、第三方等多元化治理主体，建立多维框架下的协同治理机

---

① 郑卫荣. 政府治理视角下的公共服务协同治理 [J]. 经营与管理，2010（6）：22 – 25.

② 吴春梅，庄永琪. 协同治理：关键变量、影响因素及实现途径 [J]. 理论探索，2013（3）：73 – 77.

③ 马晓东，周晓丽. 协作治理的内涵、动因及模式分析 [J]. 金陵科技学院学报（社会科学版），2013（4）：23 – 28.

④ 闫亭豫. 国外协同治理研究及对我国的启示 [J]. 江西社会科学，2015（7）：244 – 250.

⑤ 田培杰. 协同治理：理论研究框架与分析模型 [D]. 上海：上海交通大学，2013.

制，实现协同治理模式，是我国政府治理范式创新的必然方向①。孙发锋将研究聚焦于政府内部结构的优化，指出协同治理的模式可用于优化垂直管理机构与地方政府之间的关系。通过突破条块分割，创新性地制度安排，使政府内部协同治理公共事务②。姬兆亮等认为，政府协同治理是协同治理理论的本土化、中国化，政府应将自己的角色定位为"协同治理型政府"，在公共事务管理中，与其他治理主体共同承担责任、合作提供公共服务③。总之，协同治理促使我国由全能政府向有限政府转型，由政府本位向社会本位转型，是应对由政府中心引起的治理失效的一种战略选择④。

2.3.3.4　公共服务供给与协同治理

党的十六届六中全会首次提出实现城乡基本公共服务均等化的目标，经过党的十七大、十七届三中全会进一步强调后，越来越多的学者将协同治理应用于公共服务供给领域的研究。孙磊认为，构建农村公共产品供给的协同治理体系，就是政府部门、非政府部门、企业和个人等多元主体，将农村公共产品供给系统中的各种要素，利用现代科技手段组合在一个具有一致目标和规范的网络组织中，使各种要素从无规则、无秩序的状态转变为有规则、有秩序、相互协同的自组织状态，从而高质、高效地供给农村公共产品⑤。方堃认为，理想的农村公共物品的供给模式，是以政府为主导，以农民需求为导向，通过市场化运作，实现多元主体互动合作的社会协同治理模式⑥。郑恒峰指出了我国公共服务供给中无限政府、全能政府的弊端，然后提出应进行机制创新，强化公共服务导向，引入市场竞争机制，培育社会自治力量，建

①　朱纪华．协同治理：新时期我国公共管理范式的创新与路径［J］．上海市经济管理干部学院学报，2010（1）：5－10．
②　孙发锋．从条块分割走向协同治理——垂直管理部门与地方政府关系的调整取向探析［J］．广西社会科学，2011（4）：109－112．
③　姬兆亮，戴永翔，胡伟．政府协同治理：中国区域协调发展协同治理的实现路径［J］．西北大学学报（哲学社会科学版），2013（2）：122－126．
④　鹿斌，周定财．国内协同治理问题研究述评与展望［J］．行政论坛，2014（1）：84－89．
⑤　孙磊．协同治理：农村公共产品供给机制创新的可行路径［J］．江西师范大学学报（哲学社会科学版），2008（5）：51－55．
⑥　方堃．城乡统筹的县域农村公共服务模式与路径探究——从"国家单方供给"到"社会协同治理"的逻辑变迁［J］．天津行政学院学报，2009（3）：38－44．

立政府与社会良性互动的协同治理体系①。冯振伟对我国体医融合的协同治理开展了实证研究，认为我国体医融合多元主体存在着协同不足、治理制度设计不科学与治理运行机制不完善等问题，构建了体医融合协同治理模型，并对模型进行了验证，证实了政府主导主体等七个主体对体医融合协同治理具有正向效应，构建了多元主体协同治理的推进机制，包括完善政府主导主体的统筹机制，深化多元主体的理念认同机制，明确多元主体的责任共担机制，加强多元主体的部门协同机制，优化多元主体的资源共享机制等②。

2.3.3.5　公共危机管理与协同治理

随着各种自然灾害和公共危机的发生，人们逐渐认识到单纯依靠政府的力量独木难支，一些学者开始探索将协同治理理论应用于公共危机管理。何水认为，面对公共危机，一方面要强调政府的作用，另一方面还要拓展社会多元主体，最大限度调动社会资源，实现危机协同治理③。沙勇忠和解志元指出，预防和处置公共危机，需要政府之间、政府与公民社会以及公民社会之间的协同合作，构建协同治理体系。为此，应树立协同治理理念、设计协同治理结构、建立协同治理机制、培育社会资本④。徐双敏和罗重谱认为，公共危机治理的主体应该多元化，其中，政府是公共危机治理的核心主体，社会组织是公共危机治理的重要力量，企业和公众是公共危机治理的根基，媒体是公共危机治理的重要媒介和协同治理的信息平台⑤。2020 年 1 月，新型冠状病毒肺炎疫情暴发之后，一些学者提出构建协同治理机制以应对疫情。黄国武指出，只有提高协同治理能力，才能形成强大的治理合力，并集中优势资源战胜疫情。协同治理主要体现在三个方面：一是政府主导的纵向协同与横向协同治理，二是政府、社会和个体协同治理，三是抗击疫情与稳定生活、

---

①　郑恒峰．协同治理视野下我国政府公共服务供给机制创新研究［J］．理论研究，2009（4）：25－28．

②　冯振伟．体医融合的多元主体协同治理研究［D］．济南：山东大学，2019．

③　何水．从政府危机管理走向危机协同治理——兼论中国危机治理范式革新［J］．江南社会学院学报，2008（2）：23－26．

④　沙勇忠，解志元．论公共危机的协同治理［J］．中国行政管理，2010（4）：73－77．

⑤　徐双敏，罗重谱．公共危机治理主体多元化的阻滞因素与实现策略［J］．北京航空航天大学学报（社会科学版），2010（5）：18－22．

生产协同治理①。孙琳也指出，协同治理是打赢基层社区疫情防控的重要保障。要将互动、沟通、合作、协商等要素贯穿于社区居民公共利益中，汲取社区居民的集体意愿，形成社区防控的良好治理②。

2.3.4 综合研究述评

纵观以上研究，可以看出，众多学者在产业融合、体育产业与旅游产业融合、协同治理方面投入了很多精力，取得了丰富的研究成果。有关产业融合、体育旅游、旅游产业融合的研究成果主要集中在产业融合的条件、动力、内容、过程、路径、模式、障碍、保障机制、融合效益等方面。有关协同治理的研究成果主要集中在协同治理的内涵、意义与特征、关键因素与发展路径、政府转型与协同治理、公共服务供给与协同治理、公共危机管理与协同治理等方面。这些成果为构建本书的理论框架和理论元素提供了重要基础。然而，对于体育产业与旅游产业融合的一些关键问题的研究，仍存在较大的拓展空间。

从研究视角来看，要善于借鉴其他学科的研究成果来研究体育产业与旅游产业的融合问题。目前关于体育产业与旅游产业融合的研究大多是套用一般产业融合的研究，就事论事，缺乏有说服力的理论依据，尤其是缺乏站在其他学科的立场看问题的视角。本书将综合运用经济学的演化经济理论和管理学的协同治理理论来研究体育产业与旅游产业融合的融合动力、演化过程、融合路径、业态模式以及协同治理机制。

从研究内容来看，要加强体育产业与旅游产业融合理论研究的系统性。现有关于体育产业与旅游产业融合的研究，都是侧重于一个或者几个方面，研究内容较为零散。然而，要构建体育产业与旅游产业融合的理论体系，有必要进行系统的研究，以融合的发生为起点，以融合的效应为终点，研究融合过程中的各个关键问题，包括融合的理论基础、动力机制、演化路径、业态模式、综合效益、障碍与协同治理机制。

---

① 黄国武. 构建抗击新冠肺炎协同治理机制的建议 [EB/OL]. http://pms. nwu. edu. cn/in-dex. php/home/index/article/mid/6454/id/252894. html，2020 – 02 – 12.

② 孙琳. 协同治理是打赢基层社区疫情防控的重要保障 [EB/OL]. http://www. lzbs. com. cn/xwpl/sp/2020 – 02/27/content_4587301. htm，2020 – 02 – 27.

从研究的思维方式来看，要将体育产业与旅游产业的融合作为一个动态过程来研究。现有关于体育产业与旅游产业融合的研究多是采用均衡的、静态的研究手段，研究融合的横截面，而非融合的变化过程。但事实上，产业融合是一个非均衡的、动态的过程，需要以一种演化的、动态的思维去探究融合的过程，揭开融合的"黑箱"。

从研究方法来看，应加强实证研究和定量分析在体育产业与旅游产业融合中的应用，以增强研究结论的可靠性和说服力。现有研究缺乏对体育产业与旅游产业融合效益的定量评价，本书将尝试在这方面有所突破，使用德尔菲法和层次分析法构建运动休闲特色小镇扶贫效益的评价指标体系，并使用模糊综合评价法对特定案例地的扶贫效应进行评价。

此外，现有的研究对体育产业与旅游产业融合中企业的主体地位重视不够，更多的是关注政府行为，这可能与我国体旅融合中政府权力边界不明晰、企业主体作用发挥不足有关。目前，我国努力推进国家治理体系和治理能力现代化，应逐步改变权力边界不清、权责不明晰的状况，强化企业的主体地位。为此，本书始终将企业视为体旅融合的重要主体。

因此，本书计划在现有研究成果的基础上，综合运用演化经济理论和协同治理理论，使用规范研究与实证研究相结合、定性研究与定量研究相结合的方法，以动态、演化的观点，将企业视为重要主体，对体育产业与旅游产业融合的动力机制、演化路径、业态模式、综合效益、障碍与协同治理机制进行较为系统的研究，最后提出促进我国体育产业与旅游产业高质量融合发展的政策建议。希望能够通过以上研究，进一步完善体育产业与旅游产业融合的理论体系，对我国体旅融合实践提供参考和借鉴。

2.4　本章小结

本章所做的主要工作包括如下方面。

第一，界定了产业、体育产业、旅游产业、产业融合、协同治理的概念，为本书研究奠定了概念基础。

第二，介绍了本书研究的理论基础，包括演化经济学的产生和发展、特征及分析框架，以及协同治理理论的产生与发展及分析框架。演化经济学理论主要用于分析体育产业与旅游产业融合的过程，协同治理理论主要用于构建体育产业与旅游产业融合中多元主体的协同治理机制。

第三，梳理了国内外关于产业融合、体育产业与旅游产业融合、协同治理的研究成果，分析了这些成果对于本书的价值，以及需要进一步拓展的空间。

第 3 章

体育产业与旅游产业融合的动力机制

体育和旅游具有天然的耦合性,这为体育产业和旅游产业的融合奠定了良好基础。体育产业和旅游产业融合是体育企业和旅游企业在外部动力和内部动力的共同作用下形成的。

3.1 体育产业与旅游产业融合的外部动力

体育产业与旅游产业融合的外部动力包括:市场需求带来的牵引力、政策支持带来的引导力、市场竞合带来的推动力、技术创新带来的催化力和全域旅游带来的助推力。

3.1.1 市场需求——牵引力

我国改革开放 40 多年以来,广大人民群众的生活水平得到极大的提升,人们的生活追求已从物质需求的满足转向对美好生活的向往。然而,随着经济迅速发展,一些社会问题日益凸显,如人口老龄化、环境污染、食品安全、亚健康等,因此,人们开始注重身心健康,并追求健康的生活方式。而体育旅游作为一种健康旅游方式,恰恰迎合了民众以健康为目的的旅游需求。近年来,由于居民收入增长、生活方式转变、利好政策密集出台等原因,我国体育旅游产业出现井喷式的增长。根据国家旅游局测算,近两年我国体育旅游产业的年均增长速度为 30% ~ 40%,体育旅游领域投资增速甚至高达 60% 以上,远远超过同期旅游行业 30% 左右的投资增速。到 2018 年底,我国体育旅游业的市场规模已超过 2600 亿元①,体育旅游市场发展空间巨大,前景广阔。

旺盛的市场需求是体育产业与旅游产业融合的根本性驱动力,是产业融合的起点和指向灯,影响着产业融合的进度和深度②。强劲的体育旅游需求促使体育产业与旅游产业打破原有边界,驱动生产要素优化配置,牵引着产业的融合方向。相比于传统的观光旅游,体育旅游停留的时间更长,消费更高,更能有效推动餐饮、酒店、交通、购物、景区、体育用品与装备制造、培训等相关产业要素的发展,所带来的综合收入效应远大于体育或旅游单个产业的收入效应。体育旅游消费已然成为体育产业与旅游产业融合的重要牵引力。

3.1.2 政策支持——引导力

产业融合是产业环境优劣的"晴雨表",不仅受到产业自身因素的影响,还受到政治、经济、文化等外部因素的影响。其中,产业政策是行业管制松紧的调节器,是产业融合的重要引导力。政策的支持会弱化行业壁垒,加强产业间要素流动,营造良好的产业融合环境,解决外部性问题。因此,政策支持是产业环境的优化表现,能激发企业创新,释放企业活动,驱动产业融合发展。

为了引导体育产业与旅游产业融合,2014 年以来,我国政策红利集中释放,从体育领域到旅游领域、康养领域、生活领域都有相关政策的支持。2014 年 10 月,国务院出台《关于加快发展体育产业促进体育消费的若干意见》,2015 年 11 月,国务院办公厅发布《关于加快发展生活性服务业促进消费结构升级的指导意见》,均提出要推动体育与文化、旅游等融合,促进体育旅游等相关业态的发展。2016 年 5 月,国家体育总局发布《体育发展"十三五"规划》,提出与国家旅游局共同研究和制定《体育旅游发展纲要》,对全

---

① 预见 2019:《2019 年中国体育旅游产业全景图谱》[EB/OL]. https://www.qianzhan.com/analyst/detail/220/190625 – 81c1de40.html, 2019 – 06 – 27.

② 费芩芳. 新经济时代旅游产业融合机制及效应研究 [D]. 杭州:浙江工商大学,2017.

国体育旅游精品项目进行推介，打造一批在全国具有重要影响力的体育旅游项目。2016 年 10 月，国务院办公厅发布《关于加快发展健身休闲产业的指导意见》，提出要促进体育产业与旅游产业融合，对于有条件的旅游景区，支持和引导其拓展体育旅游项目，鼓励国内旅行社设计开发与健身休闲和体育赛事相关的旅游产品和路线，建设一批重大体育旅游项目，如体育旅游示范基地，使其充分发挥标杆带动作用。2016 年 10 月，国务院发布《"健康中国 2030"规划纲要》，同年 11 月，国务院办公厅发布《关于进一步扩大旅游文化体育健康养老教育培训等领域消费的意见》，均指出以冰雪、山地、水上、汽摩、航空等具有消费引领特征的时尚休闲运动项目为依托，促进体育与旅游两大产业融合。随后，国家发改委、国家体育总局发布了《水上运动产业发展规划》《冰雪运动发展规划（2016—2025 年)》《山地户外运动产业发展规划》《航空运动产业发展规划》。同年 12 月，国家旅游局、国家体育总局共同发布了《关于大力发展体育旅游的指导意见》，提出优化发展环境，完善体育旅游基础设施和上层设施，基本形成门类丰富、层次多元、结构合理、功能完善的体育旅游产业与产品体系。随后，国务院发布《关于印发"十三五"旅游业发展规划的通知》，提出要加快建设体育旅游目的地和体育旅游示范基地，打造精品体育旅游赛事和旅游线路；培育一批具有较强竞争力和影响力的体育旅游品牌企业；鼓励具备条件的地方开展大型体育旅游活动，支持和引导特色体育基地、场馆和设施提供体育旅游服务。2017 年 7 月，国家旅游局、国家体育总局发布了"一带一路"体育旅游发展行动方案（2017—2020年），提出加强体育旅游基础设施和配套服务设施建设，提升体育旅游装备制造水平，培育体育旅游精品项目，建设体育旅游示范基地，推动体育旅游目的地建设与发展，打造体育旅游合作发展平台，加大体育旅游宣传力度，强化体育旅游智力支持。2018 年 3 月，国务院办公厅发布《关于促进全域旅游发展的指导意见》，提出大力发展山地户外运动、冰雪运动、水上运动、航空运动、汽车摩托车运动、健身气功养生等体育旅游项目，支持和引导有条件的景区、体育场馆、城市大型商场、运动休闲特色小镇、连片美丽乡村、开发区闲置空间拓展为体育旅游综合体。2019 年 9 月，国务院办公厅发布《体育强国建设纲要》，提出推动"一带一路"国家在体育旅游方面深度合作，共同打造"一带一路"精品体育旅游项目与线路；加快海南国家体育训练南方基地和国家体育旅游示范区建设，促进区域协调发展；举办冰雪文化节、冰雪旅游节、冰雪嘉年华、冰雪马拉松、赏冰乐雪季等冬季品牌活动。随后，国务院办公厅发布《关于促进全民健身和体育消费推动体育产业高质量发展的意见》，提出研制有关体育旅游的国家和行业标准，实施体育旅游精品示范工程，推动森林旅游发展，重点发展徒步、越野跑、登山等体育运动项目。

各地政府积极响应上述政策，结合地区特征制定了相应的政策或发展规划。例如，2019 年 12 月，南京市体育局、文化和旅游局发布了《南京市体育旅游发展行动计划（2019—2025 年)》；同年，广西壮族自治区体育局文化和旅游厅于发布了《关于大力发展体育旅游的指导意见》；2020 年 3 月，浙江省温州市洞头区文体局发布了《关于促进文化体育旅游产业融合发展的若干政策意见（试行)》；2019 年 11 月，贵州省政府发布了《贵州省全国体育旅游示范区总体规划》；2020 年 4 月，海南省发布了《海南省国家体育旅游示范区发展规划（2020—2025)》。这一系列的政策和发展规划引导着体育产业与旅游产业的融合方向，为两大产业的融合提供了充分依据。

3.1.3 市场竞合——推动力

随着体育产业与旅游产业的快速发展，市场竞争也日益加剧。作为市场主体的企业必须居安思危，为了能在激烈的市场竞争中保持自身的竞争力和发展力，就需要寻求跨界合作，不断进行资源整合、产品创新、技术更新、业务扩展、市场扩张，满足当下消费者的新需求，从而扩大盈利空间[1]。然而，业态的创新、产品的更新和市场的开拓都需要在竞争中合作，在合作中实现资源共用、产品共建、市场共享。资源、产品、业务、市场和技术的合作在某种程度上实现了产业融合。

市场的竞争促使一些体育企业和旅游企业持续创新，保持自身活力。企业间的战略联盟、兼并、收购和重组可以整合优化资源，获得异质资源，打造专属品牌，创新体育旅游新业态和新产品。企业通过资源融合，创新体育旅游产品；通过市场融合，满足体育旅游者的健康消费需求；通过功能融合，实现体育旅游产品的价值增值；通过业务融合，开发体育旅游新业态；通过技术融合，降低企业经营成本。资源、市场、功能、业务和技术融合可以消除体育产业与旅游产业的市场边界，形成良性互动，最终促使产业融合。

---

① 费芩芳. 新经济时代旅游产业融合机制及效应研究 [D]. 杭州：浙江工商大学, 2017.

3.1.4　技术创新——催化力

技术创新是优质产业环境的重要组成部分，是产业融合的催化剂、黏合剂和润滑剂[①]。它深刻地影响着产业融合的路径、模式和融合程度，是体育旅游产业发展的重要支撑，也是体育产业与旅游产业融合的强大催化力。企业找到"体旅"产业融合点，通过技术可以实现产业无缝对接。技术创新能降低行业壁垒，模糊产业界限，摆脱产业融合的时空束缚，降低开发成本，加大产业融合的正向效应。同时，在互联网技术和大数据广泛应用的背景下，技术创新通过不断提高科技含量，能为产业融合添加新基因和新功能，改变产品形态，不仅能增加产品的附加值，促进体育旅游消费的升级，而且能创新产品，开拓新市场，为体育旅游市场注入新活力。

创新性技术的应用是推动体育产业与旅游产业融合发展的强大动力。随着科技的创新以及"互联网＋"时代的到来，智慧体育和智慧旅游逐渐进入人们的视野。移动互联网、信息智能终端、云计算及物联网的运用，使得产业结构得以优化，信息化、智能化的分析和预测得以实施，在线预订服务得以实现，体育旅游的认知度得以提升，这将加快体育产业与旅游产业融合的步伐。

3.1.5　全域旅游——助推力

全域旅游是以旅游消费为导向，通过资源、环境、服务、体制等要素的整合、优化和提升，实现旅游与社会经济的融合，带动经济社会协调发展，为体育产业与旅游产业融合提供平台，推动体育旅游新业态和新产能的产生。全域旅游发展可以优化要素配置，拉长产业链条，丰富体育旅游产品类型，满足多样化和个性化的旅游需求，拓展产业融合的发展空间，使得各种体育旅游资源在融合利用中获得最优开发，推动产业转型升级和供给侧结构性改革，助推体育产业与旅游产业的融合发展。

[①]　王华东. 贵州省旅游产业与文化产业融合发展研究［D］. 贵阳：贵州财经大学，2013.

全域旅游与产业融合互促互推。体育产业与旅游产业融合是全域旅游发展的重要抓手，而产业融合则能促进全域旅游理念的贯彻实施。发展全域旅游的最终目的是要建立一个具有完备的服务要素、能够全面满足旅游者多样化需求的开放式、综合性的旅游目的地。体育旅游作为体育产业与旅游产业融合的新业态，能够满足旅游者对体验性和健康性的需求。

3.2 体育产业与旅游产业融合的内部动力

体育产业与旅游产业融合的内部动力包括由产业的强关联性带来的耦合力、企业减少对环境依赖带来的自主力、企业获取竞争优势带来的内生力、企业的经济效益追求带来的原生力和产业升级带来的引发力。

3.2.1 产业的强关联——耦合力

体育产业与旅游产业是关联性强、资产通用性强的生产消费型服务业，两者具有天然的产业耦合性。旅游产业的强辐射关联性为"旅游＋"提供了独一无二的先天性条件，资源、市场、功能、业务和技术等方面的关联促进了产业融合。而旅游产业的综合性，则为产业融合提供了诸多的可能性。旅游活动涉及"食、住、行、游、娱、购"六大基本要素，意味着旅游产业可以在餐饮、住宿、交通、游览、购物、娱乐六个方面与相关产业进行融合，创新旅游产品。例如，旅游六要素融入体育元素，创造出体育主题餐厅、运动休闲度假、高端体育旅游俱乐部、体育旅游纪念品、体育赛事旅游和体育节会旅游等体育旅游新产品。

此外，体育所具有的表现性、运动性和参与性功能和旅游的强体验性需求相统一[①]；体育产业具有内涵丰富、消费需求量大、空间依赖性强的特点，而旅游产业则具有空间包容性和边界模糊性的特点[②]。体育产业与旅游产业在

---

① 康保苓. 产业融合背景下旅游与体育的互动研究 [J]. 旅游论坛, 2011 (3)：45 – 48.
② 江广金. 谈体育产业与旅游产业的对接与融合 [J]. 商业时代, 2013 (34)：129 – 130.

功能上相互补充，在空间上叠加互促，在速度上相互牵引，这种强关联性产生的耦合力是产业融合的深层基础。

3.2.2　减少对环境依赖——自主力

资源依赖理论是费弗尔和塞兰奇克（Pfeffer & Salancik）于 1978 年提出的。该理论认为，资源能够降低企业对外部环境的依赖、面临的不确定性和交易成本，从而有利于企业的存续和发展[①]。该理论假设，生存是组织的首要目标；组织不可能具备生存所需要的所有资源，因此，组织需要从所处的环境获取自身不具备但是又需要的资源，包括物质投入、资金、技术、顾客、人员等。该理论的核心是探讨降低企业对外部环境依赖性的战略[②]。

该理论可用于解释体育与旅游两大产业融合的动力问题。当体育企业在政策支持、技术革新的驱动下努力迎合市场的多样化需求时，却发现单靠自身的力量无法达到目标，严重依赖旅游企业的资源，导致"权力失衡（power imbalance）"[③]。为了减少对旅游企业的依赖，体育企业或通过与旅游企业建立战略联盟、开展并购，或通过设立子公司、实施多元化战略等方式获取旅游企业的资源，最终开发融合型产品。例如，国家体育总局所属中体竞赛管理集团在自身人才、经验不足的情况下，为了满足不断增长的体育旅游市场需求，最初选择将有关旅游的业务外包给中小旅游企业去运营，但合作中出现的种种问题却让中体竞赛管理集团变得十分被动。为了摆脱对外包企业的依赖，中体竞赛管理集团便与旅游行业的龙头企业中国旅行社总社合作，投资组建了具有出境资质的专业体育旅游公司——中旅体育旅行社，通过获取旅游企业的资源减少了对外部环境的依赖，获得了更大的发展。当越来越多的体育企业通过获取旅游企业的资源达到其生存及发展目标时，融合型产品将会大量出现，于是新兴产业——体育旅游产业产生，产业融合便

①　Pfeffer J. , Salancik G. R. The external control of organizations: A resource-dependence perspective [M]. New York: Harper & Row, 1978.

②　周伟, 吴先明. 论资源依赖理论对企业并购的诠释 [J]. 兰州学刊, 2016 (2): 169 – 175.

③　Casciaro T. , Piskorski M. J. Power imbalance, mutual dependence, and constraint absorption: A closer look at resource dependence theory [J]. Administrative Science Quarterly, 2005 (2): 167 – 199.

得以实现①。

3.2.3　获取竞争优势——内生力

资源基础观论是沃纳菲尔特（Wernerfelt）于 1984 年提出的②，巴尼（Barney）对该理论进行了深化，指出企业具有异质性的有形和无形资源，这些资源具备价值性、稀缺性、不可模仿性、不可替代性等特征，可以转化为企业独特的能力；这些异质性的资源和独特的能力成为企业持续竞争优势的来源③。由于这些异质性的资源和独特的能力无法通过市场交易轻易获得，因此，企业需要通过战略联盟、并购、设立子公司、多元化等方式，将原本属于其他企业的异质性资源和独特能力纳入自身的经营管理体系中，即企业可以将自身的资源和能力与其他企业的资源和能力融合，形成新的异质性资源和独特的能力，从而形成更大的竞争优势。

体育企业具有旅游企业所不具备的独特的资源和能力，然而，随着消费者需求的升级、政府政策导向的转变和技术的革新，体育企业难以依靠原有的资源和能力维持其竞争优势，于是，便设法通过建立联盟、并购、设立子公司、多元化等方式，将旅游企业的异质性资源和独特能力纳入自身的经营管理体系中，使体育企业和旅游企业的资源和能力进行充分融合，形成新的异质性资源和独特能力，并依这些资源和能力开发出融合型的产品。例如，探路者为抓住在线体育旅游市场的商机，以搭建"户外旅行综合服务平台"为目的，连续收购亚洲旅游（Asiatravel）、极之美、绿野网、易游天下、图途等标的，充分整合优化旗下资源，开发融合型产品，利用体育业务和旅游业务的协同发展效应，促进其大户外生态圈的建设和完善，形成独特的竞争优势。当越来越多的体育企业通过获取旅游企业的资源和能力形成更大的竞争

---

① 金媛媛，李骁天，李凯娜. 基于企业成长视角下的体育产业、文化产业与旅游产业融合机制的研究［J］. 首都体育学院学报，2016（6）：488 - 492.

② Wernerfelt B. A resource-based view of the firm［J］. Strategic Management Journal，1984（2）：171 - 180.

③ Barney J. B. Firm resources and sustained competitive advantage［J］. Journal of Management，1991（1）：99 - 120.

优势时，新兴产业——体育旅游产业便产生了，于是产业融合得以实现①。

3.2.4　经济效益追求——原生力

企业经营的终极目标是盈利，即追求利润最大化、成本最小化。企业对竞争优势和利润的追求正是产业融合兴起的原生力。只要有利益存在，企业便会跨越产业界限，创造满足消费者所需的新产品。经济利益是体育产业与旅游产业融合的指挥棒，指引着企业进行要素的整合和产品的创新。如今，旅游需求呈现出多样化、个性化、健康化等特征，旅游者更青睐优质、健康和深度体验旅游。"商、养、学、闲、情、奇"是新时期旅游六大拓展要素，由此产生了体育商务旅游（以网球、高尔夫、马术等中高端运动俱乐部为依托）、体育养生旅游（以运动健身、体医融合产品为依托）、体育研学旅游（以潜水、高尔夫、冲浪、马术、滑雪等运动项目的培训、户外拓展训练为依托）、运动休闲度假旅游（以冰雪类、海滨类资源为依托）、体育赛事旅游（以追星情结为依托）、体育探奇旅游（以极限运动、徒步穿越、跳伞滑翔、户外探险等项目为依托）等市场需求。企业为了自身的生存和发展，必将旅游者的需求放在首位，着力开发和打造迎合旅游者需求的新产品，这必然会引发旅游产业与体育产业的跨界融合。

此外，体育产业与旅游产业融合发展，不仅可以消除产业之间的隔阂，降低进入壁垒，加强体育与旅游类企业之间的合作，减少企业经营和交易成本，提高企业竞争力；而且可以创造新业态，提高产品的附加值，带来范围经济，产生价值增值，在满足旅游者需求的同时给企业带来可观的利润。因此，企业对利润追逐的本性必然会推动产业延伸、渗透甚至重组融合，从而推动体育产业与旅游产业的融合。

3.2.5　产业转型升级——引发力

2019 年，我国人均 GDP 已经突破 1 万美元，全国法定节假日共 115 天。在"有钱有闲"的客观条件满足之后，消费需求出现多样化、深度化和理性

---

① 金媛媛，李骁天，李凯娜．基于企业成长视角下的体育产业、文化产业与旅游产业融合机制的研究［J］．首都体育学院学报，2016（6）：488－492.

化的特点。市场需求的变化促进体育供给侧结构性改革和旅游供给侧结构性
改革。体育产业和旅游产业必须要进行转型升级，创新业态，丰富产品，改
善环境，提升消费的体验，提高品质，满足不断升级的消费需求。体育产业
与旅游产业融合是两大产业转型升级的重要方向之一，能创新产品、拉长
产业价值链、优化组织结构、提高产业竞争力，从而促进两大产业的优化
升级。

与此同时，产业的转型升级促使产业价值链的解构、重构与优化，有利
于产业的横向拓展与纵向推进，从而能推动"体育＋"和"旅游＋"的业态
创新，引发体育与旅游两大产业的融合发展。两大产业的转型升级与两大产
业的融合互促互进、相依相存。

3.3 本章小结

本章主要分析了体育产业与旅游产业融合的内、外部动力机制，见表3-1。

表3-1　　　　　体育产业与旅游产业融合的动力机制

动力因素类型	动力因素	动力	作用机理
外部动力	市场需求	牵引力	强劲的体育旅游产业打破原有边界，驱动生产要素优化配置，牵引着产业的融合方向
	政策支持	引导力	政策是产业融合的方向标和引导力。政策支持会弱化行业壁垒，加强产业间要素流动，营造良好的产业融合环境，解决外部性问题
	市场竞合	推动力	企业通过资源融合，创新体育旅游产品；通过市场融合，满足旅游者的健康消费需求；通过功能融合，实现体育旅游产品的价值增值；通过业务融合，开发体育旅游新业态；通过技术融合，降低企业经营成本
	技术创新	催化力	技术创新能降低行业壁垒，模糊产业界限，实现产业间无缝连接，同时为产业融合添加新基因和新功能，创造新产品
	全域旅游	助推力	全域旅游优化要素配置，拉长产业链条，丰富旅游产品，满足多样化和个性化的旅游需求，拓展产业融合的发展空间，推动体育旅游新业态和新产能的产生

动力因素类型	动力因素	动力	作用机理
内部动力	产业强关联	耦合力	体育产业和旅游产业都是关联性高、综合性强的生产消费型服务业，产品兼具愉悦身心和健康功能，消费群体的重叠性较高，具有天然的产业融合性
	减少环境依赖	自主力	为了减少对旅游企业的依赖，体育企业或通过与旅游企业建立战略联盟、开展并购，或通过设立子公司、实施多元化战略等方式将旅游企业的资源内化，以减少对外部环境的依赖
	获取竞争优势	内生力	随着竞争环境的变化，体育企业难以依靠原有的资源和能力维持其竞争优势，于是，便设法通过建立联盟、并购、设立子公司、多元化等方式，将旅游企业的异质性资源和独特能力纳入自身的经营管理体系中，使体育企业和旅游企业的资源和能力进行充分融合，形成新的异质性资源和独特能力
	经济效益追求	原生力	产业融合能创造新业态新产品，产生价值增值，提高产品的附加值。企业对利润追逐的本性必然会推动产业延伸、渗透甚至重组
	产业转型升级	引发力	产业的转型升级促使产业价值链的解构、重构与优化，有利于产业的横向拓展与纵向推进，从而能推动"体育＋"和"旅游＋"的业态创新，引发体育与旅游两大产业的融合发展

第4章

体育产业与旅游产业融合的
内涵与演化路径

4.1 体育产业与旅游产业融合的内涵

4.1.1 融合的定义

关于体育产业与旅游产业融合的定义，雷波认为，这是指在市场需求、资源共享、产业关联互补、科技进步、发展趋同等基础条件的驱动下，体育产业和旅游产业通过资源、产品、市场的渗透、重组和延伸，消除斥力、保留引力，从而使两大产业得到优化，并最终产生体育旅游新业态的过程①。杨强将其界定为基于体育产业与旅游产业的高度关联性，通过产业价值链的相互渗透，以体育赛事活动、大型体育场馆、体育健身休闲项目等体育本体资源为核心，以旅游服务要素为载体，经过业务融合、技术融合和市场融合逐步发展而形成的一种兼具体育产业和旅游产业特性的新型服务业态的过程②。他们对体育产业与旅游产业融合的定义有如下特点：随着体育产业与旅游

---

① 雷波．我国体育产业与旅游产业互动融合模式分析［J］．北京体育大学学报，2012（9）：40－44.

② 杨强．体育旅游产业融合发展的动力与路径机制［J］．体育学刊，2016（4）：55－62.

产业的不断发展，两者的边界不断拓展、相互渗透，最终形成了新产品和新业态。两个定义都强调了产业层面的关联、突破和融合，但没有涉及企业层面的因素。实际上，企业作为产业的基本构成单位，才是产业融合的行为主体，在界定体育产业与旅游产业融合的定义时，不应忽视企业的主体作用。

本书在上述学者研究的基础上，基于演化经济学理论，认为体育产业与旅游产业融合，是指体育企业和旅游企业在由遗传机制形成的惯例的作用下无法获得满意的利润时，搜寻和创造新的惯例，有针对性地与彼此的产业要素相融合，开发出具有市场竞争力的融合型产品，在市场竞争中被其他企业竞相追随和模仿，最终扩散至产业层面融合的过程。

4.1.2　融合的主体

通过查阅国内外的文献发现，几乎没有学者对体育产业与旅游产业融合的主体进行研究。然而，正确识别产业融合的主体对于制定有效的产业融合发展战略和相关政策具有十分重要的意义。

主体是指认识和实践活动的承担者[①]。体育产业和旅游产业融合的主体即直接实施或促进体育产业与旅游产业融合发生的行为承担者。学者们公认，产业是供给同类产品或服务的企业的集合，然而，具体到体育产业与旅游产业融合的定义，却是就产业论产业，并没有与上述产业的定义相衔接。这一现象意味着学术界对体育产业与旅游产业融合的主体缺乏清晰的认识。

体育产业与旅游产业融合最初是由体育企业和旅游企业的创新行为引起的，同时还受到政府部门、非营利组织、高校与研究机构、社会公众等的影响。其中，体育企业和旅游企业是产业融合的行为主体，因为作为产业融合最终成果的新产品和新业态是由体育企业和旅游企业培育出来的。然而，并不是所有的体育企业和旅游企业都是产业融合的主体，只有那些从事融合型产品生产与服务的体育企业和旅游企业，如凯撒旅游、众信旅游、盛开体育等，才是产业融合的真正主体。

---

① 彭漪涟. 逻辑学大辞典［M］. 上海：上海辞书出版社，2004.

4.1.3　融合的客体

客体是主体认识和实践活动指向的对象①。体育产业与旅游产业融合的客体是指体育企业和旅游企业在产业融合中直接作用的对象或标的物，即体育旅游融合型产品。业态是产品内容上的功能布局，因此，可以认为融合型产品是融合型业态的初始阶段，当融合型产品达到一定规模，相关功能不断完善，便形成了融合型业态。融合型产品是指原来相互独立的产品通过融合兼具了体育产品和旅游产品特征的新产品。生产融合型产品的过程，本质上是一种产品创新的过程，这种创新的结果是产品的产业属性变得模糊。

根据产品的可视性特征，可以将融合型产品分为实物型产品与服务型产品。体育产业与旅游产业融合的实物型产品较少，如体育旅游纪念品，绝大部分为服务型产品，如康养旅游产品、运动度假休闲产品、赛事旅游产品，都是以提供体育与旅游服务为核心内容的产品，具有无形性、不可转移性、不可储存性、生产与消费的同步性等服务型产品的特征。

4.2　体育产业与旅游产业融合的演化过程

通过对体育产业与旅游产业融合内涵的分析，可以看出，体育产业与旅游产业融合过程的完成、融合型产品的生产是由作为行为主体的体育企业和旅游企业完成的。为了构建体育产业与旅游产业融合的路径，有必要厘清企业融合和产业融合的关系，体育企业和旅游企业融合的演化过程，以及体育产业与旅游产业融合的演化过程。根据多普菲②、尹贻梅等③、王

---

① 彭漪涟. 逻辑学大辞典 [M]. 上海：上海辞书出版社，2004.

② [瑞士] 库尔特·多普菲. 演化经济学：纲领与范围 [M]. 贾根良等，译. 北京：高等教育出版社，2004.

③ 尹贻梅，刘志高，陆玉麒. 旅游目的地发展新思维：来自演化经济学的启示 [J]. 地理与地理信息科学，2006（1）：84−88.

兆峰和杨卫书①、严伟②的研究，演化经济学在解释经济现象时是基于遗传机制、变异或新奇创造机制及选择机制的一系列概念：惯例（routines）、路径依赖（path dependence）、遗传（inheritance）、变异（variation）、新奇的创造（novelty creation）、选择（selection）、路径创造（path creation）。本书基于这些概念，针对体育产业与旅游产业融合，构建了一个从微观向宏观发展的动态演化模型。

4.2.1　企业融合与产业融合的关系

企业的学习能力是指企业通过对知识学习、吸收和运用以保持企业的竞争优势和创新的能力③。跨产业融合发展是企业的一种创新发展方式，企业学习能力是企业跨产业融合的驱动力，能够显著提高产业融合的效果。一般来说，企业对知识的学习、吸收和运用是通过与其他企业的互动来完成的，进而扩散到整个产业，这种正外部性促进了产业创新和产业融合现象的产生，因此，产业融合必须首先考虑企业的融合行为。同时，企业能动性的发挥是有限度的，其融合行为受到产业发展大环境的影响④。

演化经济学将企业的行为作为逻辑分析的出发点，体育产业与旅游产业融合是由体育企业与旅游企业的创新行为引起的，体育企业与旅游企业微观层面的融合影响了体育产业与旅游产业宏观层面的融合，而体育产业与旅游产业融合作为体育企业与旅游企业的生存环境也塑造了其演化轨迹。因此，分析体育产业与旅游产业融合的过程应建立在分析体育企业与旅游企业融合过程的基础上。

产业融合的结果是原来多个产业系统通过互动形成一个新兴的产业。就体育产业与旅游产业而言，体育产业与旅游产业通过互动形成了体育旅游产业。这种结果不是外部力量迫使的，而是体育企业与旅游企业追求利益最大化的结果。这里的互动是指体育企业、旅游企业之间的竞争行为与协同行为。

①　王兆峰，杨卫书．基于演化理论的旅游产业结构升级优化研究［J］．社会科学家，2008（10）：91－95.

②　严伟．演化经济学视角下的旅游产业融合机理研究［J］．社会科学家，2014（10）：97－101.

③　陈国权，马萌．组织学习——现状与展望［J］．中国管理科学，2005（1）：67－74.

④　刘恒祥．旅游产业融合机制与融合度研究［M］．北京：中国科学技术大学出版社，2019.

体育企业在减少对环境依赖和获取竞争优势等内在动力的激励下，要么将旅游产业的某些要素渗透自身的业务中，要么通过知识联盟、战略联盟与旅游企业展开协同，或者通过并购、多元化、设立子公司等方式，进入旅游业务领域，以加强对旅游企业知识、资源和能力的积累，与现有的体育企业、旅游企业展开竞争。类似地，旅游企业在市场需求的驱动下，按照与体育企业类似的轨迹发展，与体育企业和其他旅游企业展开竞争与协同。竞争与协同促进了体育产业与旅游产业之间市场、产品、制度及技术的融合，为融合型产品的创新和新兴产业的发展创造了条件、奠定了基础。体育产业与旅游产业的融合过程可分为体育企业和旅游企业融合的微观演化阶段，以及体育企业与旅游企业融合向体育产业与旅游产业融合的传导阶段①。

4.2.2　体育企业和旅游企业融合的微观演化过程

4.2.2.1　体育企业和旅游企业融合的萌芽阶段

体育企业和旅游企业融合的萌芽阶段是"惯例——利润不满意——搜寻新惯例"的发展过程。惯例是企业异质性的体现，它是指企业积累的知识、经验、显性规则、潜在规则、行为方式等。惯例就像是企业的基因，是可以被遗传的，从而保持企业在一定阶段内的稳定性。随着竞争环境的变化，当已有惯例不能为其带来满意的利润，甚至成为其发展障碍时，企业就会搜寻新的惯例，或者通过创新活动来研发之前市场上没有的惯例。这是一个变异的过程，可能涉及技术、组织结构、业务内容等。变异是对原有惯例的破坏，它促进了新思想和新行为方式的出现，推动了企业对新奇的创造行为。

在 2012 年以前，体育企业、旅游企业提供的产品或服务基本能够满足各自行业的市场需求。体育产业与旅游产业存在着较高的进入和退出壁垒，拥有各自的政策、标准和技术，体育企业和旅游企业都在各自产业的边界内运行，彼此之间鲜有交叉，市场、产品或服务、制度以及技术之间几乎没有交集，更谈不上融合。2012 以来，随着收入的提高和闲暇时间的增加，人们不

---

① 金媛媛，李骁天，李凯娜. 基于企业成长视角下的体育产业、文化产业与旅游产业融合机制的研究 [J]. 首都体育学院学报，2016（6）：488－492.

再满足于消费单一的体育产品或旅游产品，而希望在休闲过程中，既可以强身健体、康复养生，又可以感受传统文化、汲取历史精华，还可以感受大自然的魅力、开阔眼界，在这种复合型需求的驱动下，体育产业与旅游产业的市场逐渐融合，驱使体育企业和旅游企业开始谋求转型。

以旅游产业中的旅行社为例，长期以来，传统旅行社的主营业务就是为游客观光、度假等提供各项服务。2000 年左右，旅游行业进入繁荣发展阶段，旅行社数量迅速增长。在 2012 年以前，旅游市场较为稳定，旅行社的客源端大多是跟团游，旅行社行业的变革主要聚焦于产品端，各大旅行社争相推出各种跟团游产品，如商务团、疗养团、会展团、政府考察团等。面向散客市场的亲子游、研学游、"银发游"产品反而较少。旅行社按照惯例开展业务，大多能获得不菲的利润。然而，2013 年之后，随着我国反腐败斗争工作的不断深入，中央和各地相继出台一系列限制公款消费的规定，让"三公消费"受到遏制。同时，各项惠民政策的陆续出台，使得"大众消费"逐渐崛起，在"大众消费时代"，与之相关的旅游市场格局也在悄悄地发生着变化，正在由畸形发展变为回归市场规律支配。限制公款消费后，团客市场份额锐减，散客成为各大旅行社争夺的对象，特别是中老年市场。与此同时，在线旅游（online travel agency，OTA）企业迅速崛起，这些企业凭借完善的数据和信息传播优势，以碎片化、个性化、多元化的产品进军市场，使人们原来被压抑的消费需求得到满足，不再局限于传统旅行社"上车睡觉、下车拍照，回到家啥也不知道"的服务①。传统旅行社行业被大洗牌，一些旅行社因不能及时调整战略被市场淘汰，而另一些旅行社如众信旅游、凯撒旅游等则着手谋划战略转型，努力研发新产品。

再以体育产业中的户外用品企业为例，2002 ~ 2012 年是户外用品行业的黄金 10 年，行业规模增长近 50 倍；市场规模从 2002 年的 3 亿元发展到 2012 年的近 150 亿元，复合增速约 47%。户外用品企业按照惯例运营，大都获得可观的利润。然而，2013 年以来，由于市场饱和、消费放缓、电商冲击等因素，经营户外用品的企业呈现出疲软的态势，行业持续调整，增速放缓明显。2018 年中国户外用品零售总额为 250 亿元左右，仅比上年增长 2.1%，6 年的

---

① 旅行社难提当年勇，跟团游过气了吗？[EB/OL]. https：//new. qq. com/omn/20191031/20191031A08MWD00. html? pc, 2019 – 10 – 31.

复合增速不足 10%，增长速度下滑十分明显①。一些企业如探路者、三夫户外等，在盈利放缓的情况下开始寻求新的市场空间。

上述旅行社和户外用品企业的转型过程正是企业融合萌芽阶段"惯例——利润不满意——搜寻新惯例"的发展过程。在萌芽阶段，企业的创新能力较弱，但创新潜力较大，比较容易实现较低层次的融合发展。这一阶段企业主要靠不断"试错""干中学"的方式进行探索和创新，由于创新的风险较高，企业都比较谨小慎微，创新的规模和层次受到一定限制。

4.2.2.2 体育企业与旅游企业融合的扩散与发展阶段

体育企业与旅游企业融合的扩散与发展阶段是"路径创造——选择——形成新惯例"的过程。路径创造是一个与路径依赖相对应的概念。一些企业对自身利润不满意时，便会考虑不同的转型方案，创设不同的路径，然而，并非所有的路径都会被市场所选择。选择机制即以市场绩效为标准对多种路径进行筛选。产业融合作为众多路径之一，其结果是生产出融合型产品，由于融合型产品能够迎合市场需求，为企业带来利润，因而成为很多企业选择的主要路径，并最终扩散到整个系统。当产业融合成为系统内路径创造的主导路径和潮流时，企业的发展模式中便植入了产业融合这种新基因，并通过遗传机制变成了一种新惯例。

体育企业为了迎合市场需求不断搜寻新的惯例，最后确定将融合型发展作为战略选择，或将旅游产业的某些要素渗透自身的业务，或通过知识联盟、战略联盟等方式与旅游企业展开协同，或通过并购、多元化、设立子公司等方式，与旅游企业展开竞争。对于旅游企业来说也是类似的成长过程。还有一些新创企业直接进行体育旅游复合型产品开发。于是，在"羊群效应"的作用下，最终导致融合型产品大量涌现。例如，在考虑众多种路径创造方案之后，众信旅游、凯撒旅游利用全民健身、健康中国等国家战略的政策契机和百姓追求健康生活方式的趋势，将传统旅游的"吃、住、行、游、购、娱"与新时期旅游"商、养、学、闲、情、奇"六大拓展要素相结合，推出体育商务旅游、体育养生旅游、体育研学旅游、运动休闲度假旅游、体育赛事旅

---

① 2018 年中国户外用品行业集中度及未来发展趋势分析 [EB/OL]. http：//www.chyxx.com/in-dustry/201904/728628. html，2019 – 04 – 11.

游、体育探奇旅游等创新型旅游产品。类似地，探路者、三夫户外利用我国密集出台体育旅游利好政策和体育旅游市场需求旺盛的契机，着手布局体育旅游业务，构建"户外 + 旅游 + 体育"生态圈，并将产业融合作为新惯例固定下来。以上企业的战略选择过程正是"路径创造——选择——形成新惯例"的过程。

这一时期，部分企业学习和运用新知识的能力不断提高，对融合发展所需要技术的运用也更加熟练，创新能力得以增强。随着融合型产品的类型增多，企业会面临着多样化的、不确定的发展环境，继续在"试错"中筛选适合自己的产品。渐渐地，在市场机制的作用下，市场中出现了一批具有突出竞争优势的融合型新产品，也就意味着产业中出现了一批创新能力突出、竞争力强的企业领袖。这些企业在市场中树立了良好的品牌形象，成了市场的"标杆"。其他企业纷纷效仿，导致采取融合发展战略的企业数量不断增加，微观层面的企业融合逐渐向宏观层面的产业融合发展。为了促进体育产业与旅游产业的融合，一些地方政府将体育部门、旅游部门合并为一个大部门，如珠海文化体育旅游局、深圳市文体旅游局、乐山市旅游和体育发展委员会、银川市体育旅游局、淮北市文化旅游体育委员会等。资本市场也开始关注体育旅游业态，例如，2016 年，凯撒旅游通过参与乐视体育 B 轮融资，曲线切入体育产业；众信旅游出资 2500 万元与中信国安、安踏体育、天成美盛以及光环新网共同成立天津新动金鼎万众体育资产管理中心，体育基金规模为人民币 1 亿元。此外，传统的私募基金和风险投资也开始积极地关注体育旅游，如植瑞投资、博道投资、红杉资本、达晨创投等①。

4.2.3 体育企业与旅游企业融合向体育产业与旅游产业融合的传导过程

在一定时期内，由于遗传机制导致的惯例可以为体育企业和旅游企业带来满意的利润，使得其他企业纷纷采用这些惯例，导致了体育产业结构或旅游产业结构形成。但是，随着市场竞争环境的改变，体育企业与旅游企业原

---

① 金媛媛，李骁天，李凯娜. 基于企业成长视角下的体育产业、文化产业与旅游产业融合机制的研究［J］. 首都体育学院学报，2016（6）：488 – 492.

有的惯例不能满足发展的需要，他们便开始搜索或研发新的惯例，进行路径创新，从而导致了企业的多样性，打破了原来体育产业结构与旅游产业结构的平衡，推动了产业的结构变迁。多种新路径经过市场检验后，最终，开发体育旅游融合型产品成了一些体育企业与旅游企业的选择，这种选择打破了体育企业与旅游企业在发展过程中的"锁定"状态，并使一批体育企业与旅游企业脱颖而出，这些企业将新惯例继续传递给模仿与追溯他们的企业，使得融合发展模式在整个体育产业与旅游产业中蔓延和扩散开来，形成了优化的体育产业结构和旅游产业结构。经过体育企业与旅游企业的融合发展，原有的体育产业链与旅游产业链被解构、截取和重构，新的体育产业结构中融入了旅游产业的要素，新的旅游产业中融入了体育产业的要素，最终实现体育产业与旅游产业的融合。

4.3 体育产业与旅游产业融合的要素与模式

4.3.1 体育产业与旅游产业融合的要素[①]

演化经济学既强调企业演化的作用，也强调外部环境的影响，因此，从企业微观层面融合到产业宏观层面融合的发展是内外部环境多种要素共同作用的结果。根据企业竞争优势理论和企业资源理论，企业所处的内外部环境直接影响企业成长的范围和程度。根据企业成长理论，企业所处的外部环境主要有制度环境、市场环境、技术环境，内部环境主要指企业的内部结构，在内外部环境的共同作用下，企业通过向市场提供产品或服务获取利润。如果将企业所处的环境看作一个系统的话，该系统由制度、市场、技术、企业、产品（包括有形产品和无形的服务）等子系统构成，这些子系统之间的互动构成了企业的主要生态环境。那么作为企业集合体的产业，也是由制度、市场、技术、企业、产品等子系统以及这些子系统之间的竞争与协同关系构成。

---

① 金媛媛，李骁天，李凯娜. 基于企业成长视角下的体育产业、文化产业与旅游产业融合机制的研究 [J]. 首都体育学院学报，2016（6）：488–492.

不同子系统之间以协同关系为主导，而各子系统内部以竞争关系为主导①。

产业融合是各子系统跨越产业边界进行竞争与协同而产生的②。各子系统之间的竞争与协同产生了子系统之间的融合，形成了制度融合、市场融合、技术融合、企业融合、产品融合等要素，各要素之间的互动共同构成了产业融合的动态过程。对于技术密集型产业，技术融合是引起产业融合的根本动力，其次是企业融合、产品融合、市场融合、制度融合及其他。从系统的视角，产业融合也是一个系统，由技术融合、企业融合、产品融合、市场融合、制度融合等要素构成。用公式表示，即：

$$产业融合 = (\{X_i \mid i = 1, 2, \cdots, n\}, \{X_1, X_2, \cdots, X_n 之间的互动关系\})$$

其中，X_i 代表产业融合中的不同要素，X_1 代表技术融合，X_2 代表企业融合，X_3 代表产品或服务融合，X_4 代表市场融合，X_5 代表制度融合。根据产业类型的不同，不同子系统的重要性顺序有所不同，不同子系统之间的竞争与协同关系也有所不同。

在我国体育产业和旅游产业融合的过程中，市场的需求是激发企业进行跨产业融合的根本动力，由此产生了融合型产品。在这种形势下，政府制定各种标准和规则，推动融合的发展。由于体育产业和旅游产业均属于服务产业而非技术密集型产业，因而技术在产业融合中仅起到辅助作用。因此，在体育产业与旅游产业融合的过程中，各要素的重要性依次为市场融合、企业融合、产品融合、制度融合、技术融合及其他。用公示表示为：

$$体育产业与旅游产业融合 = (\{Y_i \mid i = 1, 2, \cdots, n\}, \{Y_1, Y_2, \cdots, Y_n 之间的互动关系\})$$

其中，Y_i 代表产业融合中的不同要素，Y_1 代表市场融合，Y_2 代表企业融合，Y_3 代表产品融合，Y_4 代表制度融合，Y_5 代表技术融合。

综上，体育产业与旅游产业融合的主要要素包括市场融合、企业融合、产品融合、制度融合和技术融合（如图 4 - 1 所示）。

4.3.2　体育产业与旅游产业融合的模式

模式是系统内部各要素之间的组合方式及运作流程的范式。它包括三个

---

① 芮明杰，胡金星. 产业融合的识别方法研究——基于系统论的研究视角 [J]. 上海管理科学，2008 (3)：33 - 35.

② 胡金星. 产业融合的内在机制研究 [D]. 上海：复旦大学，2007.

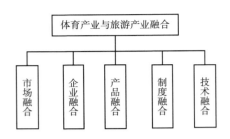

图4-1　体育产业与旅游产业融合的主要构成要素

要素：目标、功能和途径。目标是引导系统各要素发展的方向，功能是通过各要素的相互作用引起系统内外某些事物的变化，途径是实现目标及功能的方式。一般而言，产业融合模式是对产业各要素的融合方式及特点的总结性描述①。

　　体育产业与旅游产业作为服务性行业，涉及的领域非常庞杂，加上目前其所处的宏观及微观环境不断变化，因此，不能简单地套用传统产业的融合模式。在特定环境下，体育产业与旅游产业由于融合的动力因素以及资源利用方式的差异，使得各种融合模式呈现出的特征各不相同。体育产业与旅游产业因其特殊性，从企业演化的视角，定义体育产业与旅游产业融合的模式如下：体育企业与旅游企业在特定的外部条件和内部资源条件下，在政府干预和市场竞争的双重调节下，如何通过竞争与协同，获取成长机会并创造新价值的范式。这里的外部条件主要是指政治、经济、社会和技术环境，内部资源是指维持企业竞争优势的人、财、物及无形资源等。

　　厉无畏以及胡汉辉和邢华将产业融合的形成模式分为延伸融合模式、渗透融合模式和重组融合模式②③。延伸融合是指通过不同产业之间的功能延伸来实现产业融合，形成融合型的产业新体系。渗透融合是指高新技术产业及其相关产业向其他产业渗透、融合并形成新的产业。重组融合是指在各个产业内部的重组和整合优化过程中，内部相关联的产业通过融合，提高竞争力，适应市场新需求。本书沿用这些学者的思想，分析渗透融合模式、延伸融合模式和重组融合模式在体育产业与旅游产业的融合过程中是如何表现的。由

---

①　李锋．文化产业与旅游产业的融合与创新发展研究［M］．北京：中国环境出版社，2014．

②　厉无畏．产业融合与产业创新［J］．上海管理科学，2002（4）：4-6．

③　胡汉辉，邢华．产业融合理论以及对我国发展信息产业的启示［J］．中国工业经济，2003（2）：23-29．

于体育产业与旅游产业的融合不同于传统产业的融合，本书将根据这两大产业融合的特点重新定义。

4.3.2.1　渗透融合模式

渗透融合模式是指借助管理创新或技术创新，将原本属于一个产业价值链的某些环节完全或部分地渗透到另一个产业之中，使它们彼此交融，进而形成新的业态。这种模式主要是为了向其他产业的业务领域进行渗透，以提高市场占有率。根据渗透的方向性，体育产业与旅游产业的融合可以分为体育产业向旅游产业渗透融合、旅游产业向体育产业渗透融合两种模式。本书以体育产业为本体，考察体育产业如何向旅游产业渗透融合。

体育产业与旅游产业的渗透融合模式主要通过体育企业的多元化战略来实现。需要说明的是，企业实施多元化战略并不一定会导致产业融合，但能够促进产业融合的发生①。当体育企业敏锐地捕捉到市场的需求不断升级，不再满足于单纯的体育消费，而是青睐体育、旅游复合型产品或服务时，便试图通过技术和管理创新突破体育产业的边界，开发出各类富含旅游主题的新业务，从而使体育产业因旅游内容的注入而增加其体验性，也可借助著名旅游品牌的知名度取得更好的市场效果，使原属于本产业边界内的产业价值链活动渗透到旅游产业领域内，形成我中有你、你中有我的产业融合状态。

体育赛事经营与管理是体育产业的组成部分，近年来，随着参赛和观赛旅游市场的形成，一些专注于做体育赛事的企业试图通过多元化战略开拓旅游业务。例如，智美体育瞄准体育旅游市场，积极开展旅游业务。智美集团及旗下的爱约赛与加拿大艾伯塔省旅游局和班夫国家公园联合，共同推出了加拿大班夫马拉松赛，为中国体育运动爱好者策划了一场接近大自然的马拉松之旅，使他们不仅可以经历酣畅淋漓地路跑，还可以享受独特的户外运动体验，迈出这一步意味着智美集团逐渐向旅游领域渗透。

4.3.2.2　延伸融合模式

延伸融合模式是指通过延伸的方式使存在互补功能的体育产业和旅游产

---

① 胡金星. 企业多元化战略与产业融合 [J]. 中国科技产业，2007 (7)：94－96.

业实现产业融合。这种模式主要是体育产业为了向旅游产业的业务领域进行延伸，以实现优势互补。延伸融合模式使体育产业被赋予旅游的功能并具有更强的市场竞争力，从而形成新的融合型的产业形态。

体育产业与旅游产业的延伸融合模式主要通过体育企业与旅游企业进行战略合作来实现。体育企业的发展往往会受制于体育资源的吸引力、体育服务设施和市场规模，而旅游企业也会受到各自资源、设施和市场等因素的限制，单靠自身的发展难以满足快速发展的市场需求。因此，需要不同产业的企业之间突破自身局限，向具有互补性功能的其他产业的业务进行延伸和扩展。于是，体育企业和旅游企业便通过签订战略合作协议、建立战略联盟等形式共享资源、设施和市场，以实现企业之间的功能互补。越来越多的企业效仿这种模式，最终导致体育产业和旅游产业的价值链活动环节相互延伸，进而打破各自的产业边界，实现产业融合发展。例如，2016 年三夫户外与大庆市文化旅游集团签署了战略合作协议，聚合政府与企业资源，以市场化运作手段经营文化体育旅游产业。大庆市文旅集团具有丰富的本地体育旅游资源优势，三夫户外具有丰富的市场运作经验和较强的市场运作能力，整合两者的优势，高标准规划和开发本地的体育旅游资源，打造有较大影响力的体育赛事活动。通过延伸融合模式，携手推动当地体育旅游产业的发展，形成规模化运营。

4.3.2.3 重组融合模式

重组融合模式是指在某一共同利益目标的激励下，将原来各自独立的产品或服务，通过重新组合的方式融为一体的模式。这种模式主要是为了获取其他产业的资源，以获取竞争优势。它将体育产业和旅游产业原有的价值链解构，转变成一种混沌状态，然后通过新的价值构造方式将各价值链中的核心环节重新组合，进而形成一条新的价值链，从而实现产业的融合发展[①]。

重组融合模式主要通过体育企业和旅游企业之间的重组实现。当体育企业捕捉到某一与旅游产业有关的市场机会，但是单靠自身的资源和能力难以利用该市场机会时，就有可能通过合并、收购、共同投资等方式，从旅游领域获取资源，并进行整合，从而利用新的市场机会创造新价值。越来越多的企业效仿这种模式，最终导致体育产业和旅游产业的价值链重组，进而打破

---

① 李锋．文化产业与旅游产业的融合与创新发展研究［M］．北京：中国环境出版社，2014.

各自的产业边界，实现产业融合发展。

早在2004年，由国家体育总局所属中体竞赛管理集团和中国旅行社总社合作投资，组建了具有出境资质的专业旅游公司——中旅体育旅行社有限公司。近年来，体育企业与旅游企业跨界重组融合更是成为一种趋势，仅2016年就有多起重组案例。例如，凯撒旅游通过向乐视体育投资，进入体育产业。阿里旅行携手阿里体育，推出了"体育爱旅行"频道。一些新创企业，如炎尔体育、势至体育，从创业之初就致力于融合型产品即体育旅游产品的研发与经营，是重组融合的一种特殊表现。

综合比较以上三种融合模式，延伸融合模式是较为松散的融合模式，由于企业之间不存在资产上的关系，因而融合的程度较弱。渗透融合模式存在设立新业务甚至子公司的可能，因而是一种较为紧密的融合方式。而重组融合模式往往存在重大资产重组的行为，因而融合的程度较强。三种模式的对比情况见表4-1。

表4-1 体育产业与旅游产业融合的不同模式比较

融合模式	目标	功能	主要途径	融合程度
渗透融合模式	渗透	提高市场占有率	多元化	中等
延伸融合模式	延伸	优势互补	战略合作	较弱
重组融合模式	获取	获取竞争优势	重组	较强

4.4 体育产业与旅游产业融合的演化路径

综合以上研究，体育产业与旅游产业融合的路径为由企业融合的微观层面到产业融合的宏观层面逐步演化的过程。在演化过程中，惯例与遗传机制、搜寻与变异机制、市场竞争与选择机制起到了关键性的作用。体育企业与旅游企业在一段时期内，依靠由遗传机制带来的惯例可以获得较高的利润，随着市场竞争环境改变，惯例不再能为企业带来满意的利润，企业便启动变异机制，开始搜寻新的惯例，经过市场竞争，最终筛选出融合型发展模式作为新的发展战略。体育企业与旅游企业通过渗透、延伸、重组三种模式，在市场、企业、产品、制度、技术等方面进行融合，形成了新的惯例。部分企业在成为"标杆"企业后被其他企业跟随和效仿，最后将融合型发展模式扩散到整个产业，促使产业结构得以优化，并最终实现体育产业和旅游产业的融合（如图4-2所示）。

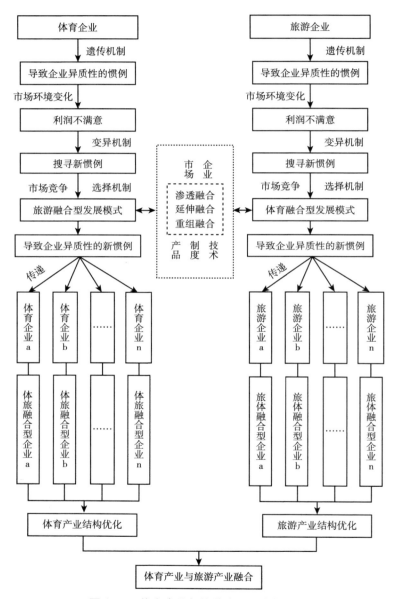

图4-2 体育产业与旅游产业融合的路径

4.5　本章小结

本章所做的主要工作包括如下内容。

第一，阐述了体育产业与旅游产业融合的内涵。体育产业与旅游产业融合是指体育企业和旅游企业在由遗传机制形成的惯例的作用下无法获得满意利润时，搜寻和创造新的惯例，有针对性地与彼此的产业要素相融合，开发出具有市场竞争力的融合型产品，在市场竞争中被其他企业竞相追随和模仿，最终将企业层面融合扩散至产业层面融合的过程。体育产业与旅游产业融合的行为主体是从事融合型产品生产与服务的体育企业和旅游企业，客体是体育旅游融合型产品和业态。

第二，依据演化经济学理论，分析了体育产业与旅游产业融合的演化过程。首先阐述了企业融合与产业融合的关系。体育产业与旅游产业融合是由体育企业和旅游企业的创新行为引起的，体育企业与旅游企业微观层面的融合影响了体育产业与旅游产业宏观层面的融合，而体育产业与旅游产业融合作为体育企业与旅游企业的生存环境也塑造了其演化轨迹。然后分析了体育企业与旅游企业融合的微观演化过程，包括体育企业与旅游企业融合的萌芽阶段（即"惯例——利润不满意——搜寻新惯例"的发展过程）和扩散与发展阶段（即"路径创造——选择——形成新惯例"的发展过程），以及体育企业与旅游企业融合向体育产业与旅游产业融合发展的传导阶段（"标杆"企业形成——其他企业跟随和模仿——产业结构得以优化——产业融合形成）。

第三，分析了体育产业与旅游产业融合的要素。市场需求是激发企业进行跨产业融合的根本动力，由此产生了融合型产品。在这种形势下，政府制定各种标准和规则，推动融合发展。由于体育产业和旅游产业均属于服务产业而非技术密集型产业，因而技术在产业融合中仅起到辅助作用。因此，在体育产业与旅游产业融合的过程中，各要素的重要性依次为市场融合、企业融合、产品融合、制度融合、技术融合及其他。

第四，构建了体育产业与旅游产业融合的模式。渗透融合模式是指借助于管理创新或技术创新，将原本属于一个产业价值链的某些环节完全或部分地渗透到另一个产业之中，使它们彼此交融，进而形成新的业态，主要通过体育企业或旅游企业的多元化战略来实现。延伸融合模式是指通过延伸的方式使存在互补功能的体育产业和旅游产业实现产业融合,主要通过体育企业与旅游企业进行战略合作来实现。重组融合模式是指在某一共同利益目标的激励下,将原来各自独立的产品或服务,通过重新组合的方式融为一体的模式,主要通过体育企业和旅游企业之间的重组实现。延伸融合模式是较为松散的融合模式,由于企业之间不存在资产上的关系,因而融合的程度较弱。渗透融合模式存在设立新业务甚至子公司的可能,因而是一种较为紧密的融合方式。重组融合模式往往存在重大资产重组的行为,因而融合的程度最强。

第五,综合以上研究,构建了体育产业与旅游产业融合的完整路径。体育产业与旅游产业融合的过程由企业融合的微观层面到产业融合的宏观层面逐步演化的过程。在演化过程中,惯例与遗传机制、搜寻与变异机制、市场竞争与选择机制起到了关键性的作用。体育企业与旅游企业通过渗透、延伸、融合等模式,在市场、企业、产品、制度、技术等方面融合,部分企业成为"标杆"企业,被跟随和模仿,融合型发展成为产业发展趋势,产业结构得以优化,最终导致产业融合的发生。

■第5章

体 育 产 业 与 旅 游 产 业 融 合 的 业 态 模 式

业态一词来源于日本，是指业务经营的形式和状态。萧桂森将业态定义为：针对消费者的个性化需求，在战略目标的指引下，设计商品经营结构、店铺的规模、位置与形态、价格策略、销售方式等，并开展运营的类型化服务形态①。结合体育产业与旅游产业的特点，本书将体育产业与旅游产业融合后的业态模式界定为两大产业融合后不同类型产品的功能布局形式。通过调研我国目前的体育旅游发展状况，将体育产业与旅游产业融合后的业态模式主要归纳为 7 种类型：体育赛事旅游、体育节会旅游、体育主题公园、运动休闲特色小镇、运动度假综合体、高端运动俱乐部、康养旅游综合区。

5.1 体育赛事旅游

5.1.1 体育赛事旅游的内涵

随着国务院《关于加快发展体育产业 促进体育消费的若干意见》的发布，赛事审批权逐步放开，我国大型体育赛事举办的次数越来越多，吸引着大

---

① 萧桂森. 连锁经营理论与实践（修订版）[M]. 海口：南海出版公司，2007.

批的体育迷前去参赛或者观赛，他们在参赛或观赛的同时还能观赏主办地的自然风光，体验当地的风土人情，于是体育赛事旅游应运而生。霍尔（Hall）将体育赛事旅游定义为"出于非商业的目的，离开常住地去参加或观看体育比赛的旅行①。宋书楠将其定义为"到异地去观看或参加体育比赛而产生的旅游活动②。基于上述定义，叶新才认为，体育赛事旅游的吸引物包括体育赛事、体育赛事设施、体育赛事文化和体育赛事配套活动③。体育赛事旅游是一种促进区域经济发展的新思路，有效地将体育与旅游两种元素深入融合，充分发挥体育赛事的节庆效应与旅游活动的辐射效应，可持续推动当地经济、社会、文化等方面的发展。

体育赛事旅游体现了体育赛事与旅游的完美融合，一方面在于它突出了体育赛事这一主题，具有较强的可观赏性和愉悦观众的特点，是人们前往举办地的最重要的吸引因素；另一方面在于旅游者在从常住地到赛事举办地多多少少都花费了一定代价（如交通费用），根据"效益最大化原则"，大部分人都会连带参与其他活动，旅游活动因为其令人放松、愉悦的特点，往往成为人们的首选。由于在赛事之前众多媒体的报道和举办城市的推广，以及举办城市软硬件设施的改善，都会极大提高举办地的知名度和吸引力，使得参加或观看体育比赛的人们同时也成为举办地的外来客源，使体育赛事产生附带旅游效应，对举办地的旅游产业产生积极影响。现阶段，积极促进体育赛事旅游发展对我国有着重要价值，有助于带动城乡二元化结构转型，形成我国经济新的增长点，带动区域内各行业的发展。

5.1.2　体育赛事旅游国内外案例

华奥星空对 2016 年 1~4 月我国举办的 331 场大型体育赛事进行统计，结果显示，参赛和观赛人数达到 338 万人，赛事带动旅游、住宿、餐饮、交通、

---

① Hall C. M. Adventure, sport and health tourism［M］. London：Belhaven Press，1992.

② 宋书楠. 试议体育赛事的旅游开发［J］. 北京第二外国语学院学报，2002（6）：35 – 38.

③ 叶新才. 体育赛事旅游产业化路径研究——以厦门国际马拉松赛为例［J］. 山东体育学院学报，2014（3）：11 – 16.

娱乐等消费共计 119 亿元,对举办地的经济拉动高达 300 亿元①。尤其是马拉松赛事,作为拉动举办地旅游经济发展的全民赛事,近几年呈现井喷式发展。根据《2018 中国马拉松年度主报告》的数据,截至 2018 年底,中国境内共举办了 1581 场与马拉松相关的运动赛事,总消费额高达近 180 亿元,由赛事带动的总消费额超过 280 亿元,年度产业总产出将近 750 亿元,同比增长了 7% 左右②。由此看出,我国体育赛事旅游的发展前景巨大,通过举办具备体育要素的"标志性事件",能够增加地区曝光率与知名度,结合旅游业态吸引更多的游客,促进区域经济增长,提升地区影响力,完善相关基础设施,辐射带动区域内各行业发展,满足居民体育与旅游的多样需求。

世界顶级赛事奥运会和世界杯往往带来巨大的旅游流量。奥运会作为当今规模和影响最大的全球性体育盛会,其对举办地旅游业的影响是其他任何活动都无法匹敌的。在一个特定时间段内,国际体育赛事主办地将成为世界瞩目的中心舞台,吸引着全球民众的目光,并向成千上万的潜在旅游者,展示其作为国际旅游目的地的风采。除了在奥运会期间观赛游异常火爆,奥运会结束后的 3 ~ 5 年内,奥运会举办地甚至周边地区也将是热门旅游目的地③。以入境游客作为奥运会旅游效应的衡量指标,1988 年汉城奥运会入境游客为 22 万人,1992 年巴塞罗那奥运会约为 30 万人,1984 年洛杉矶奥运会、1996 年亚特兰大奥运会在 20 ~ 30 万人之间。2000 年悉尼奥运会接待外国旅游者约 50 万人,当年澳大利亚的入境游客达到 4931 万人,比入境游客人数最高的 1999 年增长了 11%,创下历史纪录。悉尼奥运会结束后的 3 个月,澳大利亚入境旅游人数增长了 15%,外汇收入增加了 3.2 亿美元。在悉尼奥运会结束后的 2 年里,虽然受到"9·11"事件影响,澳大利亚旅游业快速增长的势头放缓,但仍然比 1999 年增长了约 8%④。全球著名调查机构尼尔森公司(Nielsen)分别选择 2008 年奥运会开幕式结束后和闭幕式结束后两个时间节点,对全世界 16 个国家的消费者进行问卷调查,结果显示,在所有受访者

①　国家体育总局. 促进体旅互动融合助力经济转型升级〔EB/OL〕. http://www. sport. gov. cn/n316/n343/n1193/c724369/content. html, 2016 - 05 - 15.

②　初琪. 2018 马拉松年度报告公布,数据喜人行业仍需规范〔EB/OL〕. https://baijiahao. baidu. com/s? id = 1627697454857290765&wfr = spider&for = pc, 2019 - 3 - 11.

③　旅游搭车奥运会释放"洪荒之力"〔EB/OL〕. http://ent. haiwainet. cn/n/2016/0823/c345677 - 30246400. html, 2016 - 08 - 23.

④　邹统钎,彭海静. 奥运会的旅游效应分析——以悉尼奥运会及雅典奥运会为例〔J〕. 商业经济与管理, 2005(4): 45 - 60.

中，有80%的消费者在奥运会举办之前没有到访过中国大陆。而奥运会结束后，超过1/2的受访者期待到中国大陆旅游。这一调查结果表明，2008年北京奥运极大提升了中国的国际旅游形象①。世界杯的旅游影响力也非同小可。来自巴西旅游局的官方统计数据显示，2014年巴西世界杯期间，31天创造的旅游收入高达110亿美元，其中将近1/3来自60余万名外国游客。根据天巡（Skyscanner）与携程旅行网共同发布的数据，2018年俄罗斯世界杯吸引了来自83个国家的近60万观赛球迷。这些球迷在观赛之余大多数都会在莫斯科旅游。从世界杯结束到现在，世界杯的旅游效应仍在持续②。由此看出，促进体育赛事旅游发展是国际趋势，是实现地区可持续发展的有效途径，有利于加快体育产业与旅游产业资源协同整合，推进区域经济转型升级。

5.2 体育节会旅游

5.2.1 体育节会旅游的内涵

体育节会旅游是指政府或者其他组织为了扩大影响、推动当地经济发展而举办的以体育节庆或会展为主题的旅游活动，分为体育节庆旅游和体育会展旅游③。体育节庆旅游是指以体育节庆为主题的旅游活动，体育会展旅游是指以会议、展览为主题的旅游活动。体育节会旅游通过节庆或会展活动的举办，彰显举办地的地域文化特色，扩大举办地的影响和知名度，吸引旅游者前往举办地旅游，从而促进当地体育产业、旅游产业的发展。体育节会旅游以文化旅游资源、自然景观资源和体育活动为基础，以节会的氛围为依托，强调观赏性、休闲性、娱乐性和参与性。

---

① 北京奥运后中国成为全球游客向往的旅游目的地. http：//www.china.com.cn/news/txt/2008 - 09/12/content_16437345.htm, 2008 - 09 - 12.
② 世界杯长尾效应：参赛国旅游、体育旅游渐火 [EB/OL]. http：//travel.cnr.cn/list/ 20180718/t20180718_524304290.shtml, 2018 - 07 - 18.
③ 于健，李建民. 山东半岛蓝色经济区节会集群与体育旅游圈耦合研究 [J]. 山东体育学院学报，2015（3）：31 - 35.

5.2.2　体育节会旅游国内外案例

近年来，以中国体育文化博览会、中国体育旅游博览会为依托的体育会展旅游成为我国颇具影响力的体育会展旅游活动。中国体育文化博览会、中国体育旅游博览会是由国家体育总局、文化和旅游部和举办地人民政府共同主办的以"体育 + 文化 + 旅游"为主题的展会。自 2007 年开始至 2019 年，我国先后在上海、成都、广州等地连续举办了 13 届。每一届博览会都会根据举办地的地域特色和经济发展战略确定不同的主题，通过政府引导和社会化、专业化、市场化的运作方式，宣传、推广全国各地的体育旅游资源，并评选出体育旅游精品目的地、精品线路、精品景区和精品赛事，促进各地体育产业与旅游产业的融合发展。

湖南省体育旅游节已经成为湖南省旅游的一个品牌节会，自 2017 年 9 月在湘乡水府庙旅游区开幕以来，至 2019 年连续成功举办了 3 届。举办该活动的目的在于推动湖南省体育与旅游两大产业的融合发展。该节事设置了音乐嘉年华、热气球、动力伞表演、瑶王宴、帐篷夜宿、非物质文化展演、航模表演、水上摩托艇表演、水幕电影等休闲体验活动及表演活动，举办了广场舞大赛、欢乐健康跑、"一带一路"国际交流趣味运动会、半程马拉松、电子竞技大赛、航空航模比赛、无人机摄影大赛、公开水域游泳大赛等竞赛类活动，同时还设有体育旅游高峰论坛，对创新湖南体育旅游新业态、推动体育旅游产业做大做强起到了积极作用。

保宁泥浆节（Boryeong Mud Festival）始于 1998 年，是一场为期 7～10 天的具有韩国民族风格的体育代表性庆典，被韩国文化体育观光部评选为韩国最佳庆典。在韩国保宁长达 136 米长的海边滩地上，设置街道游行、快艇游行、泥浆宣传馆、特产展示销售、泥浆超级滑垒、泥浆摔跤大赛、沙滩马拉松大赛、泥浆彩绘、泥浆按摩等活动。保宁泥浆节 2018 年吸引国内外游客 183 万人次[①]。由此看出，体育节会旅游强调将欢乐、休闲、竞技、文化等要素相结合，能够延展体育旅游产业链，辐射更多的休闲产业服务领域，为国内外游客营造欢乐有趣的体育旅游氛围，满足人们对体育、娱乐、旅游的需求。

---

① 韩国保宁泥浆节开幕，游客上演泥浆大战［EB/OL］. http：//world. people. com. cn/n1/2019/0720/c1002 - 31246246. html, 2019 - 07 - 20.

5.3 体育主题公园

5.3.1 体育主题公园的内涵

　　体育主题公园是指以体育文化为主题，向人们提供科学、安全、专业的体育运动设施，并满足人们旅游赏景、休闲放松需求的城市公园。大部分体育主题公园设有综合服务区、运动休闲区和景观欣赏区。综合服务区是指供游客就餐、休息和娱乐的区域，多设置在公园的入口处或者多条主干道的交汇处。运动休闲区因地形和地质地貌不同而设置不同的运动项目，配备相应的运动器材。景观观赏区多以自然景观为主，辅以人文小品，与休闲健身设施在功能上互补，游客们可以将景观欣赏和健身休闲融为一体，达到生态健身的效果[①]。

5.3.2 体育主题公园国内外案例

　　一些发达国家的体育公园在 20 世纪就已经蓬勃发展。相比之下，我国体育主题公园建设起步较晚，但随着居民可自由支配收入提高、可自由支配时间增加，以及经济转型带来的内生性机会，特别是全民健身国家战略出台之后，我国体育主题公园发展十分迅速。据统计，截至 2016 年，我国各种规模的体育主题公园数量已达到 1682 个，仅 2016 年就有 25 家大型体育主题公园开业。近年来，国内游客人次增长迅速，在 2017 年达到了 50.01 亿人次，同比增长 12.8%；其中，主题公园的游客量接近 2 亿人次，较 2016 年增长了 20%[②]。作为主题公园的重要分支，体育主题公园借助旅游产业大繁荣和体育产业大发展的背景快速兴起，代表性的案例有北京奥林匹克公园、上海闵行体

---

　　①　曹晓东. 城市儿童体育主题公园建设的研究 [J]. 体育与科学，2010 (2)：37-40，44.
　　②　中国主题公园游客数量 2020 年将超越美国，成为世界最大的主题娱乐市场 [EB/OL]. http://www.sohu.com/a/274080406_266317，2018-11-08.

育公园、常州飞龙运动休闲公园等，这些体育主题公园的设计融入生态、时尚、和谐、包容、健康等理念，强化运动休闲功能，深受游客和本地居民欢迎。

欧洲体育公园大多具有自然式风景园林的特点，拥有大面积的水面或草坪以及随地形起伏的公园骨架，体现出自然、开放、生态的理念。以英国摄政园（Regent Park）为例，其原为皇室猎场，占地 160 余公顷，是伦敦规模最大的户外运动公园。环绕公园有多处山坡、草坪、湖泊，以及围绕这些景观建设的健身步道。大面积的草坪为人们提供了环境优美的天然运动场地，包括足球、橄榄球、垒球、长曲棍球、板球等运动项目的场地，成为集运动、休闲、娱乐于一体，老少皆宜的体育主题公园。总体来说，国外在体育公园配套设施、规模指标、规划布局、园林设计等方面有明确的定位与规定，室外运动设施居多，运动项目紧随时尚，将公园的发展作为区域旅游发展的引擎之一。

5.4　运动休闲特色小镇

5.4.1　运动休闲特色小镇的内涵

2017 年 5 月，国家体育总局办公厅发布《关于推动运动休闲特色小镇建设工作的通知》，提出要充分挖掘和利用资源禀赋，因地制宜地建设运动休闲特色小镇。运动休闲特色小镇是指依托体育活动项目，整合体育、旅游、文化资源，形成体育旅游产业集群和产业生态链的主题生活区。它融合体育、文化、旅游等多种产业，具有显著的带动地方社会经济发展的作用[1]。在"健康中国，全民健身"的大背景下，以体育旅游为创新方向的产城融合，成为中国特色小镇的发展路径之一，各种类型的运动休闲特色小镇如雨后春笋般涌现出来。运动休闲特色小镇是新型城镇化与体育产业发展相互作用的结果，也是一种供给侧结构性改革背景下体育产业跨界融合的实践探索方式。浙江省提出以体育旅游为创新方向的"产城融合"战略，推动培育 3~5 个以体育

---

① 张潇潇. 互联网+视域下的"体育小镇"构建研究 [J]. 南京体育学院学报（社会科学版），2017（4）：18-22.

产业为主要载体的特色小镇。京津冀地区则借力 2022 年冬季奥运会，打造形态各异的冰雪特色小镇。

5.4.2 运动休闲特色小镇国内外案例

太舞滑雪小镇是 2022 年冬奥会雪上竞赛项目核心区之一。现有多条高速直达，京张高铁已投入使用，从北京北站到崇礼太子城站只需 1 小时即可达到，北京自驾车走高速约 2.5 个小时。太舞滑雪小镇由北京瑞意集团投资，以建设大型综合滑雪旅游目的地为蓝图，兼具大型会议、休闲娱乐、户外运动等功能，除滑雪外，在非雪季还将开展营地教育、山地自行车等其他项目，塑造"与自然共舞"的运动休闲特色小镇形象。一方面，小镇为克服季节性，提出全季运营理念，于 2016 年 7 月开始尝试夏季运营，运动项目包括休闲露营、定向越野、卡丁车、山地骑行、彩色跑等，一举获得成功。同时与山地度假旅游社团、团队拓展公司、青少年户外营地教育组织等单位进行合作，让小镇一年四季客流不断。另一方面，小镇不断强化"体育赛事 + 旅游"的商业模式。定期在小镇举办全国定向越野挑战赛、斯巴达勇士亚太区锦标赛、BMW 自由式滑雪雪上技巧世界杯、全国单板滑雪平行项目锦标赛及 U18 青少年锦标赛等国内国际大型赛事，依托小镇优越的地理条件和自然资源，开发大量不受季节影响的体育旅游项目与精品赛事，增加小镇知名度与专业性，打造世界级四季度假胜地①。

位于新西兰东南部的皇后镇是世界闻名的旅游度假胜地，有"户外活动天堂"和"世界探险之都"的美称。小镇总人口仅有 2 万左右，但每年的游客接待量高达 200 万人次。皇后镇地理位置优越，瓦卡蒂普湖和阿尔卑斯山环绕四周。四季分明，每一季都各具魅力，春季花团锦簇，夏季碧空如洗，秋季层林尽染，冬季银装素裹。皇后镇优越的生态环境、优美的自然风光吸引了众多电影、电视剧组在此拍摄。皇后镇并不满足于依靠自然禀赋吸引游客前来观光、度假，而是寻求创新发展之路，利用其独特的自然地理优势，发展"旅游 + 体育"，将户外运动作为旅游开发的核心元素，打造世界一流运

---

① 客流量翻倍增长北京冬奥会前将达百万，太舞滑雪小镇能否成为体育小镇样板？[EB/OL].
https://m.sohu.com/a/213568514_138481，2017 – 12 – 29.

动休闲特色小镇。充分利用高山峡谷、水流湍急、雪量丰富、雪质优良等优势，开发高空弹跳、跳伞、蹦极、激流泛舟、快艇、漂流、溯溪、攀瀑、攀岩、山地自行车、滑雪等带有挑战性、刺激性、探险性的户外运动项目，吸引了众多来自世界各地的户外运动爱好者。皇后镇利用其丰富的地形地貌，围绕户外运动，发展体育旅游产业，变静态的、传统的自然风光为动态的、时尚的户外旅游活动，推动旅游产业持续繁荣。

5.5　运动度假综合体

5.5.1　运动度假综合体的内涵

运动度假综合体是以体育运动为主要元素，具有康体健身、娱乐休闲、旅游度假、健康食宿、商务会议等多元功能的综合型休闲度假区[①]。其主要元素包括运动休闲服务、度假住宿和景观环境，使人们既能够欣赏美景、放松身心，又能康体健身，感受和谐之美。运动度假综合体按照出行目的可分为商务型、亲子家庭型、综合型。其中，商业型是以高端运动活动为主题，主要有马术、高尔夫、滑雪等运动项目，其作用为商业接待、谈判以及会议。亲子家庭型是因满足家庭运动休闲需求而产生的，运动方式覆盖面广，服务内容多元。综合型是一个泛体育旅游产业聚集区，主要是面向大众体育旅游，在配套设施上较为完善，服务质量较高。

5.5.2　运动度假综合体国内外案例

深圳观澜湖高尔夫度假中心被评为国内档次最高的高尔夫运动休闲度假中心，其拥有的高尔夫球会因其规模之大，被载入"吉尼斯世界纪录"。该度假中心占地 20 平方千米，绿地覆盖率达 99%，拥有 80 多万平方米的湖泊和200 多万平方米的绿色山体，集运动体验、休闲度假与商务会议功能于一体，

---

① 杜颖，孙葆丽．冬奥会举办地可持续发展研究——以温哥华惠斯勒度假区为例［J］．体育文化导刊，2018（2）：23－28.

平均每年的游客量达到 180 万人次之多①。落户于中国莫干山的郡安里君澜度假区，拥有全球首个发现（Discovery）探索极限基地和中国最大的户外山体攀岩墙，是莫干山最大的旅游度假综合体。度假区依山形地势而建，"动区"和"静区"界线分明。"动区"包括集散中心、酒店、大草坪、马场和 Discovery 探索基地，运动项目包括丛林滑索、攀岩墙、高空网阵挑战、计时越野挑战、地面障碍、徒步探索、荒野求生体验、热气球等。"静区"设有酒店、特色庄园、童趣中心和康养中心②。

位于首尔东南 400 千米处的普门湖旅游度假区地处韩国庆州市，占地面积约 1033 公顷，于 1979 年 4 月开始营业，是一处综合性的运动旅游度假区。度假区以高尔夫运动和温泉休闲为特色，内有观光中心、高尔夫球场、旅游饭店、综合性商店、游船停泊处、露天舞台、美术馆、庆州世界、汽车剧院、温泉等设施，均是韩国传统的建筑风格。温泉水质优良，平均温度 35℃ ~ 36℃，游客可直接享用。露天舞台在每年的夏、秋、冬三季都会举行韩国国乐演出，游客可免费观看。湖边设有健身步道，道边樱花树茂密，每年 4 月樱花绽开时，健身步道落英缤纷，令人赏心悦目。普门湖度假区是在世界银行的资助和韩国政府的支持下建成的，经过多年的建设和发展，现已成为一个成熟的湖滨型运动度假区。普门湖度假区的兴建促进了庆州基础设施的完善，为当地居民提供了大量的就业机会，间接地保护了庆州地区的历史、文化资源，湖区环境得到了明显改善，为庆州带来了显著的经济效益、社会效益、文化效益和环境效益，庆州已成为韩国最大的体育旅游目的地。

5.6　高端运动俱乐部

5.6.1　高端运动俱乐部的内涵

高端运动俱乐部是一种专门提供高档体育服务的实体，有单项俱乐部和

---

① 户外运动产业案例分析［EB/OL］. https：//www.sohu.com/a/312226760_505583, 2019 - 04 - 26.

② 莫干山迭代进化出了一个体育度假型的小镇样本——郡安里［EB/OL］. https：//baijiahao. baidu.com/s? id = 1650866075084873005&wfr = spider&for = pc, 2019 - 11 - 22.

综合俱乐部两种，单项的如马术俱乐部，综合的如军事体育俱乐部①。俱乐部提供运动场地、运动器材，并有专门的技术指导人员。设施设备和教练按照一流专业型运动项目的要求配置，同时配备度假别墅、休闲会所等度假娱乐设施，一方面为运动队的训练和比赛服务，另一方面为群众性的体育运动服务。依托于高专业技能要求的运动项目，为游客提供运动、度假、休闲服务，是一种高端的体育旅游产业形态。近年来，中国沿海地区着力打造游艇产业中心，一批国际级游艇码头、俱乐部陆续成立，如青岛银海国际游艇俱乐部、大连星海湾国际游艇俱乐部、上海大都会游艇有限公司等。常见的还有冲浪俱乐部、滑雪俱乐部、高尔夫俱乐部、赛车俱乐部等。高端运动俱乐部具有高档次、高标准、重资产等特征，为顾客提供有针对性的个性化服务，目前在我国尚处于探索阶段。

5.6.2　高端运动俱乐部国内外案例

坐落于上海奉贤海湾的松声马术俱乐部，是一所按照五星级标准兴建的大型马术俱乐部，集马术运动、旅游度假、特色食宿、娱乐休闲、商务会议等功能于一体。俱乐部占地 10 万平方米，环境优美，按照徽派古典园林风格设计，传统与时尚元素有机融合，十分独特。俱乐部配备有国际标准赛场、速度跑道、室内训练场、室外训练场、自动遛马机、马匹调教圈等专业马术场地和设施，定期举办各项马术比赛，由资深马术教练为会员定制个性化的马术训练方案，并给予专业的指导。该俱乐部倡导时尚、至尊、健康的生活理念，相关配套设施完善，包括多功能会议厅、桑拿房、棋牌室、观景楼、别墅房、中式餐厅等，提供多元的选择和专业的服务②。

摩纳哥游艇俱乐部（Yacht club de Monaco）于 1953 年由摩纳哥王子雷尼尔（Prince Rainier）创立，是全世界规模最大的游艇俱乐部之一，有欧洲"赛舟会中心"之称。该俱乐部的会员来自全球 60 个国家和地区，包括英国王储、剑桥公爵等。俱乐部主张捍卫贵族传统，保护地球环境，设置严格的入会标准，需要有两名赞助商会员引荐，熟知航海知识，掌握良好的驾艇技

---

①　刘华荣，刘良辉. 全民健身时代户外运动俱乐部的发展思考 [J]. 体育与科学，2013（1）：99 – 103.

②　上海松声马术俱乐部 [EB/OL]. http：//songseng. isitestar. com/page85，2020 – 05 – 21.

术。游艇在摩纳哥是精致生活方式的代表，与人们的居所、休闲、运动、消费密切相关。每年9月，摩纳哥游艇俱乐部都会举办全球最大的专业游艇展，展会船艇阵容强大，海事设备齐全，是业内专家和游艇爱好者们热烈追捧的年度盛会。

5.7 康养旅游综合区

5.7.1 康养旅游综合区的内涵

根据国家旅游局发布的《国家康养旅游示范基地》行业标准，康养旅游是指通过康体健身、修心养性、营养膳食等方式，使人们在身体和精神上都达到优良状态的各种旅游活动的总和。康养旅游示范基地包括康养旅游核心区和康养旅游依托区两个区域，康养旅游核心区是指康养旅游资源丰富，为游客提供康养旅游服务的核心区域，而康养旅游依托区是指能为核心区提供信息咨询、公共休闲、旅游安全、康养教育等支持的保障性区域。该标准旨在推动各地通过整合康养资源，打造一批产业要素完备、产业链条完整、公共服务完善的综合型康养旅游目的地[①]。

遵循可持续发展理念，我国提出生态文明建设的相关要求，与传统旅行业相比，康养旅游倡导健康、生态、环保、绿色等理念，强调生态与循环经济。有学者认为，康养旅游是一种全新的生活及旅游观念[②]，是一种既能陶冶情操、愉悦身心，又能强身健体、亲近自然的专项旅游方式[③]，旨在提高人们的幸福感与满足感。康养旅游产业契合新时代发展要求，蕴含巨大的产业潜力，各地区建立康养旅游综合区符合人民群众的根本利益，是新时代

---

① 国家旅游局. 2016年1号《国家康养旅游示范基地》行业标准 [EB/OL]. http：//www. cmw-gov. cn/news. view –651 –1. html，2016 –03 –11.

② 朱建定，杨学英，杨正伟. 生态文明建设背景下云南康养旅游产业发展探析 [J]. 西南林业大学学报（社会科学版），2019（6）：90 –95.

③ 崔晓燕. 弘扬道家文化，发展康养旅游：青城山镇旅游产业调查报告 [J]. 旅游纵览，2016（4）：144 –145.

背景下供给侧和需求侧改革的必然要求。以健康为核心，结合旅游、体育、文化等元素打造康养旅游新格局，能够推动地区经济、生态、文化等领域全面发展。

5.7.2　康养旅游综合区国内外案例

位于四川省都江堰市西南部的成都天府青城康养旅游综合区，是一个国家级旅游休闲度假区，占地约 33 平方千米。其地理及气候条件优越，是我国道教的发祥地。成都天府青城康养旅游综合区集娱乐、养生、运动、休闲、赛事、非物质文化遗产、温泉等资源于一体，是我国康养旅游综合区的新坐标，每年吸引数百万人来体验游览，仅 2018 年接待的游客数量就超过 230 万人次，其中过夜游客占六成以上，人均停留天数达 3.1 天，实现旅游收入约42 亿元[①]。山东日照生态康养旅游综合区已初具规模，秉承可持续发展理念，采用"旅游 + 康养 + 度假"的模式，从健康、旅游、养生三方面进行建设规划，打造了 4 个不同类型的康养旅游线路，分别是登山修禅、滨海养生、民俗文化、禅茶休憩。同时，以养生运动为特色，依托大青山国际太极学院，推广五禽戏、太极拳等传统体育项目，打造国际太极休闲养生福地；借助国家健身步道，串联多个景点，打造太极养生、森林休闲等专题旅游线路[②]。

FuFu 山梨保健农园位于日本山梨市甲府盆地的牧丘町，是日本森林康养综合区的典范。农园占地 6 万平方米，海拔差异明显，动植物种类丰富，不仅有大面积的森林，还有环境优美的生态农田、花园、果园，具备开展康养旅游活动的良好基础。农园除了提供生态餐饮和特色住宿外，还设置有阅览室、瑜伽教室、观星台、健身房、棋牌室、按摩室、心理咨询中心等活动空间。为保证服务的科学性和专业型，以及康养效果及安全性，农园还配备了具有从业资格和丰富经验的老师，包括森林疗法师、芳香治疗师、心理咨询师、保健按摩师、瑜伽老师、健身指导员等。农园设置 2 天 1 晚、3 天 2 晚和

---

① 这里是四川天府青城康养休闲旅游度假区 ［EB/OL］！https：//www.sohu.com/a/312735893_716878，2019 – 05 – 28.

② "健康 +"打造康养旅游新格局 ［EB/OL］. https：//www.quanyulv.com/index.php？m = content&c = index&a = show&catid = 34&id = 653，2019 – 08 – 21.

长住 3 种类型的住宿方案以及 1 日游的旅游方案，游客可以根据自己的时间安排自由选择。

5.8 本章小结

本章将体育产业与旅游产业融合后的业态归纳为 7 种模式：体育赛事旅游、体育节会旅游、体育主题公园、运动休闲特色小镇、运动度假综合体、高端运动俱乐部、康养旅游综合区。主要研究内容如下。

第一，体育赛事旅游是指到异地去观看或参加体育比赛而产生的旅游活动，其核心吸引物包括体育赛事、体育赛事设施、体育赛事文化和体育赛事配套活动。我国近年来的马拉松赛事旅游、国际上奥运会赛事旅游以及世界杯赛事旅游是体育赛事旅游的典型代表。

第二，体育节会旅游是指政府或者其他组织为了扩大影响、推动当地经济发展而举办的以体育节庆或会展为主题的旅游活动，分为体育节庆旅游和体育会展旅游。以中国体育文化博览会、中国体育旅游博览会为主题的体育会展旅游和韩国保宁泥浆节旅游是体育节会旅游的典型代表。

第三，体育主题公园是指以体育文化为主题，向人们提供科学、安全、专业的体育运动设施，并满足人们旅游赏景、休闲放松需求的城市公园。我国的体育公园建设起步较晚，但发展迅速。我国北京奥林匹克公园、上海闵行体育公园、常州飞龙运动休闲公园和英国摄政园是体育主题公园的典型代表。

第四，运动休闲特色小镇是指依托体育活动项目，整合体育、旅游、文化资源，形成体育旅游产业集群和产业生态链的主题生活区。我国张家口太舞滑雪小镇和新西兰皇后镇是运动休闲特色小镇的典型代表。

第五，运动度假综合体是以体育运动为主要元素，具有康体健身、娱乐休闲、旅游度假、健康食宿、商务会议等多元功能的综合型休闲度假区。我国深圳观澜湖高尔夫度假中心、Discovery 探索极限基地、张家口多乐美地山地运动度假区和韩国庆州普门湖旅游度假区是运动度假综合体的典型代表。

第六，高端运动俱乐部是一种专门提供高档体育服务的实体，有单项俱乐部和综合型俱乐部两种。上海松声马术俱乐部、摩纳哥游艇俱乐部是高端运动俱乐部的典型代表。

第七，康养旅游是指通过康体健身、修心养性、营养膳食等方式，使人们在身体和精神上都达到优良状态的各种旅游活动的总和。我国成都天府青城康养旅游综合区、日照生态康养旅游综合区和日本 FuFu 山梨保健农园是康养旅游综合区的典型代表。

第6章

体育产业与旅游产业融合的
综合效益与案例分析 *

体育产业与旅游产业融合的综合效益是指体育产业与旅游产业融合后的业态在经济、社会文化、环境保护中所起的作用，即体育旅游的经济效益、社会文化效益及环境效益。本章首先分析体育产业与旅游产业融合的综合效益，然后选取运动休闲特色小镇中的张家口太舞滑雪小镇作为案例，分析其发展运动休闲特色旅游的扶贫效应。

6.1　体育产业与旅游产业融合的综合效益

本书第5章将体育产业与旅游产业融合后的业态归纳为7种模式：体育赛事旅游、体育节会旅游、体育主题公园、运动休闲特色小镇、运动度假综合体、高端运动俱乐部、康养旅游综合区。这些业态统称为体育旅游业。发展体育旅游业不仅可以带来可观的经济效益，而且可以带来社会与文化效益、环境效益。

6.1.1　经济效益

6.1.1.1　增加国家创汇

外汇储备反映了一个国家的经济实力和国际支付能力，因此，很多国家

---

* 本章案例分析部分由国家社科基金青年项目（15CTY007）组成员杨越撰写。

都在积极开拓创汇渠道，增加外汇收入。增加外汇收入一般有两种途径：一是出口商品，开展对外贸易；二是非贸易性外汇收入，如由国际的运输、保险、利息、旅游、外交人员的费用、居民汇款等带来的外汇收入。显然，旅游是一种非贸易性的外汇增收途径，这种途径具有创汇成本低、结算及时、免收关税壁垒影响的优势。因此，很多国家都十分重视发展入境旅游，通过旅游创汇来弥补外贸逆差，改善国际收支平衡。与一般的旅游相比，体育旅游具有产业链更长、附加值更高的特点，因此，在创汇方面更有优势。

6.1.1.2　增加目的地经济收入

无论是接待入境游客还是国内游客，都可以增加一个旅游目的地的经济收入。如前所述，体育旅游的产业链更长、附加值更高，对旅游目的地来说能形成更高水平的经济"注入"。一般来说，经济发达地区的出游人数较多，而经济欠发达地区的出游人数较少。当经济发达地区的游客在经济欠发达地区消费时，就形成了一种经济"注入"，刺激欠发达地区的经济发展，从而缩小地区之间的差别。很多经济欠发达地区之所以落后，往往是由于物质资源匮乏，但是体育旅游资源却十分丰富，对于这些地区来说，发展体育旅游具有重要的经济意义。我国很多经济欠发达地区依靠发展体育旅游脱贫致富，就是很好的例证。

甘肃张掖曾经是一个经济总量小、产业结构不合理、工业"短腿"、财源匮乏的城市，2013 年以来，张掖大力推进体育、旅游、文化的深度融合，利用独特的自然条件和资源禀赋，打造以生态体育、户外运动为核心的旅游品牌。成功举办了祁连山国际超百公里户外运动挑战赛、清华 EMBA·丝绸之路（张掖）全球商学院智慧精英挑战赛、腾讯益行家古长城公益挑战赛、全国冬季山地户外邀请赛、中国汽车越野拉力赛（张掖段）、张掖黑河湿地万人徒步穿越赛、全省钓鱼锦标赛、"汉明古长城徒步大会"等 20 多项全国知名户外赛事活动。在"两博会"的中国体育旅游精品项目推介活动中，"中国·张掖祁连山国际超百公里山地户外运动挑战赛"连续多年获得体育精品赛事十佳，张掖市连续多年获得全国体育旅游目的地十佳。在 20 多项品牌赛事的带动下，张掖"户外运动体验区"的聚合洼地效应日益显现，前来参加户外体验的人数每年以 30% 的速度递增，市内从事户外运动的各类俱乐部和公司如雨后春笋般成长起来。先后培育发展户外运动协会、俱乐部 20 多家，年均开展各类户外运动 1100 多场次。张掖旅游业通过品牌赛事彻底被"激活",形成了体育、旅游、文化融合发展的"张掖模式"。2015 年,张掖市游客接待量达 1505 万人次,比 2010 年的 187 万人次增长 8 倍,旅游综合收入达 76 亿元,比 2010 年的 9.16 亿元增长 7 倍,旅游接待人次和旅游收入保持了年均 40% 以上的增幅①;2019 年接待境内外游客 4239.95 万人次,比上年增长 33.42%,实现旅游综合收入 279.06 亿元,比上年增长 34.86%②。

6.1.1.3 创造就业机会

旅游业是劳动密集型产业,许多与旅游接待相关的工作都必须靠员工面对面地提供服务。另外,旅游业的就业岗位层次众多,除了管理层、运营层外,很多服务岗位技术含量并不高,可以为受教育水平低、没有技术专长的人提供就业机会③。与传统旅游的"吃、住、行、游、购、娱"相比,体育旅游又多了"运、健、学"等要素,所需要的劳动力更多,对就业的拉动效应更大。

湖北省荆州市松滋洈水体育旅游区兴建了全国首个五星级汽车自驾运动营地,带动洈水镇 5000 余人就业、创业,使该镇人均年收入增加 1000 多元,带动 1600 名建档立卡贫困人口脱贫④。广西壮族自治区马山县是国家扶贫开发工作重点县,这里高山峭壁、出行不便、发展缓慢,一度困扰着当地百姓。该县不断加快体育旅游产业发展步伐,建设中国首个攀岩特色体育小镇,先后举办中国 – 东盟山地马拉松系列赛(马山站)、环广西公路自行车世界巡回赛、中国东盟山地户外体育旅游大会暨攀岩精英挑战赛等一系列国际级赛事,这些赛事活动还不断探索优化"全民健康运动 + 精品赛事 + 户外基地 + 扶贫"的一体化运作模式,让贫困群体拥有更多在家门口就业、创业的机会,2016 ~ 2019 年,全县接待游客人数年均增长 30.82%,旅游总消费年均增长 37.54%,成为县域经济发展的新亮点,助推全县实现 73 个贫困村摘帽、

---

① 体育旅游文化融合发展的"张掖模式"[EB/OL]. http://www.huaxia.com/ly/lyzx/2016/08/4983294.html,2016 – 08 – 25.
② 2019 年张掖市国民经济和社会发展统计公报 [EB/OL]. http://www.zhangye.gov.cn/tjj/ztzl/tjsj/202003/t20200324_404244.html,2020 – 03 – 24.
③ 李天元. 旅游学概论(第七版)[M]. 天津:南开大学出版社,2014.
④ 付媛杰,王辉. 体育旅游产业助力脱贫攻坚战 [N]. 中国体育报,2017 – 07 – 12(04).

9. 37 万人脱贫，该县贫困发生率由 2015 年的 20.21% 降至 2019 年的 0.84%，使 "体育 + 旅游 + 扶贫" 成为马山县扶贫模式的典范，让 "马山模式" 成为区市乃至全国的典范①。

6.1.2　社会与文化效益

6.1.2.1　增进人们的身心健康

首先，体育旅游能够增进身体健康。我国的老龄化问题日渐突出，2018 年我国人均预期寿命为 77.0 岁，但人均健康预期寿命仅为 68.7 岁，人均有 8.3 年的时间带病生存②。另外，由于压力过大、缺乏运动、睡眠不足等原因，青壮年的亚健康问题普遍存在。肥胖问题成为困扰青壮年甚至少年儿童的重要问题。肥胖不仅对儿童青少年心肺功能发育、血液循环和新陈代谢、体质指标产生重大的影响，还会为高血压、糖尿病、代谢综合征等成年期慢性病的发生留下隐患。据调查，经常锻炼人群健康期望寿命较高，这反映出健身休闲运动对于促进体质健康的重要性。很多传统的体育运动由于内容枯燥、形式单一，使人们难以长期坚持；而兼具体育的健身性和旅游的娱悦性的体育旅游，以健身康体为内容，以旅游娱乐为载体，以人与社会、人与自然的和谐发展为主导，令体育回归自然，是改善居民健康状况的一种新途径。相对传统观光旅游来说，体育旅游是一种更高层次的旅游，通过亲自参与某项健身、冒险或观战的体育活动，能够增强体质、健美强身。从运动生理学视角分析，经常参加旅游健身的人，其自然杀伤 T 细胞（natural killer T cell，NKT）明显增加。在旅游过程中，人体可分泌一种健康的激素、酶和乙酰胆碱等活性物质，调节血液流量，兴奋神经细胞，加快新陈代谢，增强各器官的功能，延缓人体衰老，从而获得健康③，是一种适合全年龄段的健身休闲方式。

其次，体育旅游能够促进心理健康。2011 年，国家人口计生委、教育部、中国扶贫开发协会、中国科协和中国计生协联合发布的《中国青少年健康人

①　乔晓莹. 马山：发展 "体育 + 文旅 + 扶贫" 产业 [N]. 广西日报，2020 − 05 − 12（09）.

②　国家卫健委：中国人均健康预期寿命仅为 68.7 岁 [EB/OL]. http：//news. china. com. cn/2019 − 11/02/content_75365750. htm，2019 − 11 − 02.

③　顾正东. 体育旅游与健身协同关系的研究 [J]. 才智，2002（20）：194.

格工程调研报告》指出，我国各年龄段青少年在人际交往方面均不同程度地存在问题，例如，小学生常担心自己做错事情，48.8%的受调查中学生存在心理问题①。造成以上现象的原因：一方面是高强度的压力；另一方面是中国式的圈养教育让很多年轻人性格变得懦弱、不坚强，不会独立克服困难②。而参加体育旅游活动能够帮助人们调节生活节奏、摆脱污染严重的环境和烦躁的生活，使人在旅游和运动中愉快而健康地度过余暇时间，以消除不当负荷和痛苦创伤产生的不良情绪，达到自消烦恼、融乐于身的目的，形成良好的心理状态。登山、漂流、攀岩、滑雪、冲浪、潜水、溯溪、蹦极等一些个性体育旅游活动，还具有锻炼勇气、意志、毅力、耐力等功能。总之，体育旅游具有促进身心健康的效果，有助于提高人们的生活质量。

6.1.2.2　弘扬民族文化

对于一个国家或者地区来说，民族文化是弥足珍贵的旅游资源。很多地方为了发展旅游业，满足外来者的需要，恢复和开发了已经濒临消失的文化活动和传统习俗，将传统的手工艺品创新设计为精美的文创产品，重视和发掘传统的民族音乐、舞蹈、戏剧，维护和管理濒临湮灭的历史建筑。所有这些几乎被遗忘甚至抛弃的文化遗产，由于旅游开发获得了新生，成为一些国家和地区的特色文化旅游资源，不仅吸引着外来游客，也使本地居民感受到了文化自信。民族传统体育是少数民族群众在长期的生产生活实践中形成并发展起来的，记录和反映了民族地区的生活方式、生活智慧和风俗习惯，集中而强烈地展现了民族地区人民生活及发展的历史文化，是民族特色的一种文化表现，带有浓烈的文化属性。同时，民族传统体育又具有很强的可参与性，可以作为民族对外展示的"橱窗"，是发展文化旅游的绝佳平台。民族文化丰富了民族旅游的内容，发展民族文化旅游可以使民族文化得以昭彰和传播，两者具有天然的耦合性③。近年来，花炮、木球、珍珠球、蹴球、毽球、

---

①　青少年健康人格工程调研报告出炉，人际交往问题突出［EB/OL］. http：//news. 66wz. com/system/2011/03/13/102452317. shtml，2011－03－13.

②　中国每年20万人抑郁自杀，公务员白领或是高发人群［EB/OL］. http：//finance. people. com. cn/n/2014/0507/c1004－24986369－2. html，2014－05－07.

③　包希哲，蔡增亮，胡永芳. "一带一路"视域下民族传统体育与旅游品牌的共商共建共享机制研究［J］. 贵州民族研究，2019（5）：173－176.

独竹漂、龙舟、射弩、秋千、押加、陀螺、板鞋竞速、高脚竞速、民族武术、民族马术、民族式摔跤、民族健身操等民族传统体育项目得到了较为充分的旅游开发，吸引着越来越多的人观赏和体验。此外，我国每年都举办全国性和地区性的少数民族传统运动会，各民族也在举办丰富多彩的节庆活动，如蒙古族的那达慕、傣族的泼水节、傈僳族的刀杆节、彝族的火把节、白族的三月节、哈尼族的扎勒特、藏族的酥油花灯节、景颇族的目脑纵歌、拉祜族的月亮节、苗族的花山节等。会展和节庆活动具有巨大的形象传播聚集效应、关联带动效应和人流汇聚作用①，是弘扬民族传统文化的理想载体。

6.1.2.3 增进国际交往

现代旅游是不同国度、不同民族、不同文化、不同宗教信仰、不同价值观以及不同生活方式的人们之间的直接交往，相互了解、相互学习、相互尊敬有助于消除民族文化隔阂、矛盾、对抗和冲突，增进全球人民之间的友谊，因此，国际旅游活动具有民间外交的作用。此外，人们通过旅游进行交往，有助于树立"人类命运共同体"的理念，促进世界和平。此方面，奥林匹克运动所产生的体育旅游效应堪称典范。体育运动对人类具有普遍价值，奥林匹克庆典——奥运会将体育运动作为促进全球各民族间文化沟通的工具，让来自不同国家和民族的运动员和观赛旅游者，不论种族与肤色，不论贫富与大小，不论意识形态、价值观念与宗教信仰，秉承相互尊重、和平、友谊、进步的宗旨，聚集在一起进行竞赛和观赛，为全球到访者搭建了一个国际交往的平台。奥运会结束后，奥运遗产作为极具吸引力的体育旅游吸引物，成为具有全球影响力的国际交往活动聚集地。2008年北京奥运会结束后的十年间，北京奥林匹克中心区累计接待中外游客超过5亿人次，先后有9100余场次大型赛事演出及会议展览在奥林匹克中心区举办，包括亚太经济合作组织（APEC）领导人非正式会议、"一带一路"国际合作高峰论坛、中非合作论坛北京峰会、世界田径锦标赛、国际冬季运动（北京）博览会、京交会、北京国际电影节等重大国际性活动1130场次；足球超级杯、中网公开赛、国际泳联世界跳水系列赛、国际泳联短池游泳赛等国际赛事更是长期在此举办。其中，国家体育场（鸟巢）举办国际马术大师赛、"沸雪"世界单板滑雪赛等

---

① 张金山. 大型节事活动旅游效应的敏感神经［J］. 旅游学刊，2009（2）：8-9.

各类赛演活动 300 余场次。

近年来，各城市掀起举办马拉松赛事的高潮，越来越多的国际友人参与我国的马拉松赛事。北京马拉松、上海国际马拉松、兰州国际马拉松、广州马拉松、重庆国际马拉松、杭州马拉松等品牌马拉松赛事吸引了来自 43 个国家和地区的参赛选手和观赛旅游者。天津蓟州区举办的黄崖关长城马拉松是一个让国际友人接踵而至的赛事，它于每年五月的第三个周六开跑，报名参赛的选手 90% 是海外选手①。体育旅游逐渐成为国际社会缓解矛盾和冲突、促进沟通与交流的最可行、最有效的重要手段之一。

6.1.3 环境效益

6.1.3.1 基础设施和健身休闲设施得以完善

为了吸引更多旅游者到访，旅游目的地都会努力改善基础设施，增加接待设施，这客观上促进了基础设施的完善、健身休闲设施的增加。体育旅游活动对空间和设施的要求更高，因而发展体育旅游对基础设施和健身休闲设施建设的影响更大。以 2022 年冬奥会为例，为了使参赛者和观赛者有良好的体验，在市政基础设施建设方面，《北京 2022 年冬季奥林匹克运动会和残奥会申办报告》（以下简称《申办报告》）提出，要提高相关设施的建设水平和保障能力，确保冬奥会圆满成功举办。《申办报告》承诺，将以方便运动员为首要目标，在运动员训练、比赛、交通、住宿、餐饮、医疗、文化交流等环节提供一流服务；同时还提出要从优化能源结构、优化公共交通线路设计、健全无障碍设施等方面，确保观众"拥有舒适的赛会体验"。围绕举办冬奥会，相关部门需要开展市政、水利、交通、环境治理、住宿、赛事服务等方面配套基础设施建设，确保 2020 年测试赛前基本满足赛事运行需求。市政基础设施确保在冬奥会测试赛举办期间安全稳定地运行②。再以运动休闲特色小镇为例，浙江省要求所有的运动休闲小镇都配套建设文化礼堂，大部分文化

---

① 它是中国最酷的马拉松，参赛选手 90% 是外国人 [EB/OL]. http：//sports. sina. com. cn/run/2018 - 03 - 02/doc-ifwnpcnt0048193. shtml，2018 - 03 - 02.

② 钟秉枢，金媛媛，汪海波. 耦合理论视角下的北京 2022 年冬奥会与北京城市管理研究 [J]. 首都体育学院学报，2019（4）：292 - 297.

礼堂都具备体育健身功能，礼堂成为开展全民健身活动的"新地标"，给村民带来了满满幸福感。体育运动休闲小镇建设还为提升农村人居环境贡献了不小力量，以莫干山为例，围绕漫运动小镇，莫干山已经成为一个亦动亦静的运动休闲天堂，为方便游客和参赛选手、提升赛事体验度，2018 年莫干山投入 2 亿元，直接升级建设围绕莫干山的大小交通，这一举措更为附近村民的出行提供了便利。以张坊生态运动休闲小镇为例，该小镇加大环境整治力度，着力改善农村生产生活环境，大峪沟村以建设干净整洁、秩序良好、生活舒适、环境优美的美丽乡村为目标，以改善村容村貌为突破口，加大环境整治力度，全村共 16 名保洁员分区分片对全村道路进行日扫日清，整修硬化村中主干道路 2.5 万平方米、胡同街道 2.2 万平方米，主要街道建设文化墙 9500 平方米，修建文化广场 3 处，并配套安装健身设施，为村民休闲健身提供了好去处①。

6.1.3.2 环境卫生问题得到重视

旅游者都希望到环境优美的地方旅游、休闲健身。为了给游客创造赏心悦目的美好环境，延长游客停留时间，各体育旅游目的地都非常重视环境卫生问题，客观上改善了环境卫生状况。例如，生态环境方面，《申办报告》提出，要尽最大努力，实现大气治理和生态保护目标，还城市碧水蓝天。在市容景观方面，《申办报告》提出，要加大力度进行环境保护和城市景观提升工作，各方面都要遵循国际奥委会 2006 年版《体育、环境与可持续发展指导手册》的要求，采取更加有力的手段和措施，提高能源高效利用水平，严格控制污染物排放，治理大气污染尤其是治理由细颗粒（PM2.5）污染物引发的雾霾，推进生态环境治理，使扬尘、垃圾、污水等得到有效根治，市容环境和城市景观得到显著改善，城市更加优美和宜居，确保实现赛时空气质量达标承诺②。再如，张坊生态运动休闲小镇，绿化街道两侧 1 万平方米，荒山林木覆盖率达 85%，每到秋季景色宜人，山上油松侧柏翠绿欲滴，山下磨盘柿似红灯笼倒挂枝头，吸引了大批采摘的游人。美丽乡村建设不仅彻底美化了小镇的人居环境，也让村民们树立了自觉维护优美环境的意识。为了在全镇进一步深化环境建设，张坊镇在

---

① 张坊镇提升生态运动休闲小镇建设水平和综合旅游环境［EB/OL］. http：//www. bjfsh. gov. cn/zhxw/xzrd/201810/t20181026_372272. shtml, 2018－10－26.
② 钟秉枢，金媛媛，汪海波. 耦合理论视角下的北京 2022 年冬奥会与北京城市管理研究［J］. 首都体育学院学报，2019（4）：292－297.

保持主要街道环境整洁的基础上，继续加大对超限超载大货车、施工工地、露天烧烤、劣质燃煤等烟尘污染的管控力度；在保持河道无排污、无垃圾、无漂浮物的基础上，持续加大绿植美化绿化河流沿线投入；在建立健全环境环保工作领导小组和工作专班制度的基础上，持续加强日常管理并进一步落实考核评价体系，完善环境保护整治工作长效机制；在气、水、路各指标合格的基础上，不断巩固上一阶段疏解整治促提升和"小散乱污"专项治理工作的成果，有效提升了生态运动休闲小镇的建设水平和综合旅游环境。

当然，发展体育旅游客观上也会造成一些负面影响。经济方面，有可能引起物价上涨，使产业结构发生不利变化，过度依赖旅游业影响国民经济的稳定等。社会文化方面，外来者的行为可能会造成不良的"示范效应"，干扰目的地居民的正常生活，使当地文化过度商品化等。环境方面，人口密度增大，自然环境和生态系统受到损害等①。但不能因噎废食，只要坚持可持续发展理念，健全法制，加强规划和管理，加强宣传教育，倡导负责任的体育旅游，体育旅游带来的负面影响就能得到最大限度的控制。

6.2　案例分析：太舞滑雪小镇的扶贫效应

太舞滑雪小镇位于张家口市崇社区，在业态上属于运动休闲特色小镇。要评价太舞滑雪小镇的扶贫效应，首先需要构建运动休闲特色小镇扶贫效应的评价指标体系。本书首先使用德尔菲法构建评价指标体系；其次运用层次分析法为评价指标赋予权重，并运用模糊综合评价法对评价指标体系的科学性和合理性进行评价；最后运用评价指标体系对太舞滑雪小镇的扶贫效应进行评价，并对评价结果进行分析。

6.2.1　运动休闲特色小镇扶贫效应评价指标体系的构建原则

6.2.1.1　科学性原则

科学性原则是要求在构建运动休闲特色小镇扶贫效应指标体系的过程中

---

① 李天元. 旅游学概论（第七版）[M]. 天津：南开大学出版社，2014.

采用科学方法、统一标准、规范计算，使指标体系构建科学化、具体化。

6.2.1.2　可行性原则

可行性原则明确要求立足实际，在具体构建过程中，从数据收集到统计计算应尽量简单可行，评价结果要有实际意义，使各利益相关者能清楚地分析、判断、决策。

6.2.1.3　代表性原则

运动休闲特色小镇扶贫效应评价指标体系涉及方面既多且杂，若要面面俱到，既会造成无谓的工作量，也会模糊了关键指标的作用，影响评价结果。因此，代表性原则要求在指标的选择上要对比权衡，突出关键，反映重点。

6.2.1.4　可持续性原则

可持续性原则要求指标的选取要符合当前和长远利益。因此，在建立运动休闲特色小镇扶贫效应的评价指标体系过程中，既要突出小镇发展初期的扶贫问题，更要兼顾小镇发展中后期脱贫的可持续性。

6.2.2　运动休闲特色小镇扶贫效应评价指标体系的构建过程

运动休闲特色小镇扶贫效应评价指标体系的构建是一个系统的流程，需要在明确评价目标的基础上，广泛收集与筛选研究文献，整理分类后依据文章重要性、主题相关性确定参考文献，在指标构建原则的指导下利用文献法初步选取指标。按照目标导向原则、过程与结果相结合原则、针对性与可操作性等指标筛选原则，通过经验法、访谈法等进行指标筛选，初步建立运动休闲特色小镇扶贫效应的评价框架体系，并采取德尔菲法对框架体系进行论证，在专家意见趋于一致的基础上搭建运动休闲特色小镇扶贫效应评价指标体系，最后确定指标的权重（如图 6 - 1 所示）。

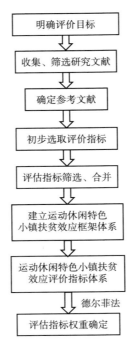

图 6 – 1　运动休闲特色小镇扶贫效应评价指标体系构建流程

6.2.2.1　初步指标选取的原则

1. 目标导向原则

运动休闲特色小镇扶贫效应的评价指标要始终围绕着评估目标进行，其目标是通过有效客观的评价，提高小镇扶贫资源的开发与利用效率，发现小镇扶贫项目相关漏洞，分析扶贫效果及其持续性，了解贫困地区的发展需求，为决策者提供决策参考。因此，要始终围绕着该目标进行指标筛选与构建。

2. 过程与结果相结合原则

运动休闲特色小镇扶贫是一个动态发展的过程，这一过程是按照时间发展的先后顺序，凸显事情本身所产生的结果和效应。因此，本书立足于运动休闲特色小镇建设与发展的起步阶段，评价其帮助地区脱贫的程度，强调扶贫最终成效的同时，关注此阶段小镇脱贫的过程。

3. 针对性原则

在构建运动休闲特色小镇扶贫效应评价指标体系时，深入分析扶贫攻坚工作开展的政策背景和贫困地区发展的实际情况，有针对性地筛选指标，以凸显在精准扶贫背景下小镇扶贫的重点。

4. 可操作性原则

从贫困地区的实际出发，要求指标获得简单可行、操作方便，数据易于收集，又能够反映事物的本质规律。

6.2.2.2　运动休闲特色小镇扶贫效应框架体系构建步骤

通过中国知网（CNKI）进行"扶贫效应""扶贫评价""特色小镇发展水平评价"等关键词搜索，按照被引率和主题相关度，本书选取了 19 篇主要参考文献，包含扶贫绩效评价、旅游扶贫效应评价、特色小镇发展水平评价等研究内容，其中，硕博士文章 3 篇，核心期刊 10 篇，普通期刊 6 篇，文献发表时间主要集中于 2015～2019 年。此外，还参考了江苏省特色小镇评估及认证相关标准文件。

通过对上述文本的统计，本书初步筛选出 182 个影响指标，进一步研究发现，这些指标存在着大量含义相近的情况，因此，对指标的整理、合并、归类工作必不可少。按照目标导向原则、过程与结果相结合原则、针对性与可操作性等指标筛选原则，把 182 个指标分成"经济发展""社会进步""生态保护""精神文化""特色小镇与可持续发展"五大类，其中，"经济发展" 59 个，"社会进步" 52 个，"生态保护" 28 个，"精神文化" 16 个，"特色小镇与可持续发展" 27 个。按照指标重复和内涵相近进行了第一次指标合并，例如，旅游增加了当地女性居民的就业机会、解决就业、提供更多工作机会、旅游业解决就业人数、拓宽家庭增收渠道这 5 个指标的意思相近，合并为"解决就业"一项。因此，"经济发展"含有 29 个二级指标，"社会进步"含有 20 个二级指标，"生态保护"含有 15 个二级指标，"精神文化"含有 13 个二级指标，"特色小镇与可持续发展"含有 17 个二级指标。

在第一轮指标合并的基础上，进一步对指标进行分析，尽量保持所选择的指标贴近运动休闲特色小镇扶贫效应评价的目标与原则。在不影响指标体系科学性的前提下，"特色小镇与可持续发展"的指标内容分解到其余四个大类，可以简化指标内容，保持所选择的指标在同一研究维度上，因此，经过两轮指标的筛选合并，一级指标"经济发展"含有 14 个二级指标，"社会进步"含有 11 个二级指标，"生态保护"含有 12 个二级指标，"精神文化"含有 10 个二级指标。初步建立起运动休闲特色小镇扶贫效应评价框架体系（见表 6 - 1）。

表 6 - 1　　　　　　　运动休闲特色小镇扶贫效应评价框架体系

序号	一级指标	二级指标
1	经济发展	小镇总收入
2		游客接待量
3		体育产业从业人员比率
4		就业率
5		地区生产总值
6		贫困发生率
7		基尼指数
8		恩格尔系数
9		体育产业占 GDP 的比重
10		体育及旅游企业数量
11		体育产业总产值增长率
12		促进本镇农产品销售
13		使土地房租价格上涨
14		小镇运营的经济风险
15	社会进步	健全基础设施情况
16		义务教育入学率
17		新农合参保率
18		改善了居住环境
19		城镇化率
20		农村最低生活保障覆盖率
21		提高了当地的知名度
22		促进了传统文化的保护
23		社会治安情况
24		医疗水平的改善
25		交通环境

续表

序号	一级指标	二级指标
26	生态保护	森林覆盖率
27		生态环境与人居环境改善
28		当地人卫生习惯意识提高
29		空气中污染物的浓度
30		自然资源保护
31		污水处理率
32		生活垃圾无害化处理率
33		万元 GDP 能耗
34		环保投入
35		环境噪声
36		加剧环境污染
37		造成用地紧张
38	精神文化	参与旅游的积极性
39		对新鲜事物的接受程度
40		文化产业增加值
41		新建乡镇文化站
42		民族文艺活动次数
43		居民思想观念进步程度
44		领导者思想先进性
45		政策执行公平性
46		文化从业人员
47		传统生活方式改变程度

6.2.3 德尔菲法专家咨询结果

本书立足实际，在确定专家人选时主要从以下三个方面进行考虑。（1）体育扶贫、体育产业发展、体育旅游、运动休闲特色小镇研究领域的专家及学者。（2）运动休闲特色小镇实际管理者。（3）相关行政部门管理人员。根据以上三个方面，选定了 8 位专家，并在调查中对专家积极系数、专家权威系数以及协调系数进行了充分的论证。

6.2.3.1 第一轮专家咨询结果

在第一轮专家意见咨询中，专家从重要性、可操作性和敏感性三方面对运动休闲特色小镇扶贫效应评价指标进行评价，分为很好、较好、一般、较差、很差五个等级。基于专家对一级指标的熟悉程度和判断依据，可以得出每个指标所得分数的平均数以及变异系数。通过第一轮中 8 位专家的积极配合，问卷回收率达 100%。第一轮专家咨询指标得分结果（见表 6 - 2）。

表 6 - 2　　　　　　　　第一轮专家咨询指标得分结果

指标	重要性			可操作性			敏感性		
	均值	标准差	变异系数	均值	标准差	变异系数	均值	标准差	变异系数
经济发展	5.00	0.00	0.00	4.63	0.74	0.16	4.63	0.74	0.16
社会进步	4.75	0.46	0.10	4.25	1.04	0.24	4.75	0.46	0.10
生态保护	5.00	0.00	0.00	4.38	0.74	0.17	4.63	0.52	0.11
精神文化	4.88	0.35	0.07	4.00	0.93	0.23	4.25	0.71	0.17
小镇总收入	3.88	1.13	0.29	3.88	1.55	0.40	3.75	1.49	0.40
游客接待量	4.62	0.52	0.11	4.50	0.76	0.17	4.25	0.89	0.21
体育产业从业人员比率	4.13	1.13	0.27	3.75	1.58	0.42	3.75	1.39	0.37
就业率	3.88	1.36	0.35	3.88	1.36	0.35	4.00	1.41	0.35
地区生产总值	4.63	0.74	0.16	4.75	0.46	0.10	4.63	0.74	0.16
贫困发生率	4.50	0.76	0.17	4.38	0.92	0.21	4.50	0.76	0.17
基尼指数	4.50	0.93	0.21	4.38	0.92	0.21	4.75	0.71	0.15
恩格尔系数	4.38	0.74	0.17	4.25	1.04	0.24	4.25	1.04	0.24
体育产业占 GDP 的比重	4.25	1.17	0.27	4.00	1.60	0.40	4.13	1.46	0.35
体育及旅游企业数量	4.13	1.13	0.27	4.50	0.76	0.17	4.50	0.54	0.12
体育产业总产值增长率	4.88	0.35	0.07	4.62	0.52	0.11	4.75	0.46	0.10
促进本镇农产品销售	4.13	1.13	0.27	3.63	1.60	0.44	3.75	1.58	0.42
使土地房租价格上涨	4.38	1.19	0.27	4.25	1.17	0.27	4.00	1.07	0.27
小镇运营的经济风险	4.37	0.74	0.17	4.25	0.89	0.21	4.25	0.89	0.21
健全基础设施情况	4.88	0.35	0.07	4.50	1.07	0.24	4.75	0.46	0.10

续表

指标	重要性			可操作性			敏感性		
	均值	标准差	变异系数	均值	标准差	变异系数	均值	标准差	变异系数
义务教育入学率	3.88	0.84	0.22	4.25	0.89	0.21	3.88	0.84	0.22
新农合参保率	3.88	0.84	0.22	4.25	0.89	0.21	4.00	0.93	0.23
改善了居住环境	4.63	0.52	0.11	4.00	0.93	0.23	4.63	0.52	0.11
城镇化率	4.88	0.35	0.07	4.50	0.76	0.17	4.63	0.52	0.11
农村最低生活保障覆盖率	4.25	0.71	0.17	4.25	0.89	0.21	4.13	0.84	0.20
提高了当地的知名度	4.63	0.52	0.11	4.38	0.92	0.21	4.50	0.54	0.12
促进了传统文化的保护	3.88	0.84	0.22	3.75	1.17	0.31	4.13	0.84	0.20
社会治安情况	4.00	0.93	0.23	3.88	0.99	0.26	3.88	0.84	0.22
医疗水平的改善	4.13	1.13	0.27	3.38	1.41	0.42	3.63	1.51	0.41
交通环境	4.00	1.07	0.27	4.25	0.89	0.21	4.13	0.84	0.20
森林覆盖率	4.50	0.76	0.17	4.88	0.35	0.07	4.50	0.76	0.17
生态环境与人居环境改善	4.25	0.71	0.17	3.63	1.51	0.41	4.13	1.36	0.33
当地人卫生习惯意识提高	4.13	0.64	0.16	3.75	0.89	0.24	3.75	0.89	0.24
空气中污染物的浓度	4.13	1.25	0.30	4.63	0.74	0.16	4.25	0.89	0.21
自然资源保护	4.63	0.52	0.11	3.25	1.39	0.43	3.88	1.46	0.38
污水处理率	4.88	0.35	0.07	4.62	0.52	0.11	4.62	0.52	0.11
生活垃圾无害化处理率	4.75	0.46	0.10	4.13	1.13	0.27	4.25	1.39	0.33
万元 GDP 能耗	3.88	1.46	0.38	3.88	1.46	0.38	3.88	1.46	0.38
环保投入	4.88	0.35	0.07	4.00	1.07	0.27	4.50	0.54	0.12
环境噪声	4.37	0.74	0.17	3.75	1.04	0.28	4.25	0.71	0.17
加剧环境污染	4.38	1.41	0.32	3.63	1.51	0.41	4.25	1.39	0.33
造成用地紧张	4.37	0.74	0.17	3.63	1.30	0.36	4.00	1.07	0.27
参与旅游的积极性	4.50	0.76	0.17	4.00	1.07	0.27	4.13	1.13	0.27
对新鲜事物的接受程度	4.50	0.54	0.12	3.88	1.13	0.29	4.25	0.71	0.17
文化产业增加值	4.00	1.41	0.35	4.00	1.41	0.35	3.88	1.46	0.38
新建乡镇文化站	3.88	1.13	0.29	3.63	1.51	0.41	3.75	1.39	0.37
民族文艺活动次数	4.00	1.20	0.30	4.37	1.06	0.24	4.00	1.20	0.30
居民思想观念进步程度	4.62	0.52	0.11	3.75	1.17	0.31	4.00	0.93	0.23
领导者思想先进性	3.75	1.49	0.40	3.38	1.51	0.45	3.50	1.41	0.40
政策执行公平性	3.63	1.51	0.41	3.00	1.41	0.47	3.38	1.41	0.42
文化从业人员	3.62	1.41	0.39	3.25	1.58	0.49	3.50	1.51	0.43
传统生活方式改变程度	4.00	0.93	0.23	3.13	1.25	0.40	3.50	1.51	0.43

在第一轮专家咨询过程中，8名专家都给出了调整意见。（1）一级指标"社会进步"内涵丰富，与一级指标"精神文化"中部分内容相重合，建议将"文化"部分归入"社会进步"，将"精神文化"改为"精神文明"。（2）"健全基础设施情况"主要是指道路交通的健全情况，应进一步量化。此外，"提高当地知名度"也应进一步被聚焦。（3）"小镇运营的经济风险""生态环境与人居环境改善""万元GDP能耗""文化产业增加值""文化从业人员""传统生活方式改变程度""民族文艺活动次数""空气中污染物的浓度"等指标选项意指于宽泛，无法说明和运动休闲特色小镇建设有直接关系，建议酌情调整。（4）"义务教学入学率""新农合参保率""农村最低生活保障覆盖率""新建乡镇文化站"等指标，是否是因小镇建设而变化的，尚待论证，建议酌情调整。（5）增加"从业人员服务态度与服务水平"。（6）增加二级指标"体育活动次数"和"人均体育场馆面积""小镇管理制度及执行效果"。（7）"小镇总收入"与"地区生产总值""环境噪声""加剧环境污染"一定程度上存在重合，"改善居住环境"与"造成用地紧张"互相冲突，建议合并。（8）"体育产业总产值增长率""领导者思想先进性""政策执行公平性""基尼指数""恩格尔系数""自然资源保护""体育产业从业人员比率"等指标存在实际量化困难、可操作性差、误差较大、统计意义不大，建议删除。（9）"促进农产品销售"这一指标需进一步讨论，是否仅仅促进了农产品销售，如果换成相关产品，又涉及哪些方面，建议调整。（10）使土地房租价格上涨是否对当地经济发展是负面的，需进一步讨论。（11）对于负面指标再进一步细化。

综合以上专家意见和专家咨询评议表评分情况，结合我国运动休闲特色小镇的实际发展情况与所选指标之间的逻辑关系，本书进一步对运动休闲特色小镇扶贫效应评价框架体系进行了推敲、修改与调整。（1）删除指标：体育产业总产值增长率、领导者思想先进性、政策执行公平性、万元GDP能耗、文化产业增加值、文化从业人员、义务教学入学率、新农合参保率、农村最低生活保障覆盖率、传统生活方式改变程度、基尼指数、恩格尔系数、促进农产品销售、使土地房租价格上涨、自然资源保护、新建乡镇文化站、体育产业从业人员比率、改善居住环境、造成用地紧张。（2）增加指标：小镇管理制度及执行效果、从业人员服务态度与服务水平、人均体育场馆面积。（3）修改指标：将一级指标"精神文化"改为"精神文明"；将"加剧环境污染"改为"空气质量综合指数"；将"小镇总收入"归入"地区生产总值"；将"民族文艺活动次数"改为"体育活动积极性"；将"健全基础设施情况"改为

"建成路网密度";将"当地人卫生习惯意识提高"改为"环境保护意识";将"森林覆盖率"调整为"绿化覆盖面积";将"提高当地知名度"改为"网络搜索量"。之后形成第二轮专家咨询问卷。

6.2.3.2 第二轮专家咨询结果

分析第一轮专家所提出的意见和建议,对运动休闲特色小镇扶贫指标进一步修改后,形成第二轮专家咨询评议表。并让8位专家在第二轮调查中,从3方面再次对运动休闲特色小镇扶贫指标进行评价。根据第二轮专家评价结果(见表6-3),将指标得分分为5个分数段,即1~2分、3~4分、5~6分、7~8分、9~10分,然后统计每个指标各等级的频率,形成评价等级矩阵。

表6-3 第二轮专家咨询指标得分结果

指标	重要性			可操作性			敏感性		
	均值	标准差	变异系数	均值	标准差	变异系数	均值	标准差	变异系数
经济发展	4.88	0.35	0.07	4.50	0.76	0.17	4.38	0.74	0.17
社会进步	4.75	0.46	0.10	4.50	0.76	0.17	4.50	0.54	0.12
生态保护	4.75	0.71	0.15	4.63	0.52	0.11	4.25	0.89	0.21
精神文化	4.75	0.46	0.10	4.38	0.92	0.21	4.38	0.74	0.17
地区生产总值	4.75	0.46	0.10	4.50	0.76	0.17	4.25	0.71	0.17
游客接待量	4.88	0.35	0.07	4.25	0.71	0.17	4.25	0.89	0.21
就业率	4.25	0.89	0.21	4.38	0.74	0.17	4.38	0.74	0.17
贫困发生率	4.88	0.35	0.07	4.63	0.52	0.11	4.38	0.74	0.17
体育及旅游企业数量	4.38	0.74	0.17	4.50	0.54	0.12	4.25	0.71	0.17
体育产业占GDP比重	4.13	0.64	0.16	4.50	0.54	0.12	4.25	0.71	0.17
建成路网密度	4.50	0.54	0.12	4.38	0.74	0.17	4.38	0.74	0.17
城镇化率	4.25	0.89	0.21	4.50	0.76	0.17	4.50	0.76	0.17
管理制度及执行效果	4.25	0.89	0.21	4.13	0.84	0.20	4.25	0.71	0.17
网络搜索量	4.25	0.71	0.17	4.50	0.76	0.17	4.38	0.74	0.17
人均体育场地面积	4.38	0.74	0.17	4.50	0.76	0.17	4.38	0.74	0.17
社会治安情况	4.38	0.74	0.17	4.50	0.76	0.17	4.38	0.74	0.17

指标	重要性			可操作性			敏感性		
	均值	标准差	变异系数	均值	标准差	变异系数	均值	标准差	变异系数
医疗水平的改善	4.50	0.54	0.12	4.38	0.92	0.21	4.50	0.54	0.12
交通环境	4.63	0.52	0.11	4.50	0.76	0.17	4.25	0.71	0.17
绿化覆盖面积	4.50	0.76	0.17	4.25	0.71	0.17	4.25	0.89	0.21
居民环境保护意识	4.50	0.76	0.17	4.13	0.64	0.16	4.38	0.74	0.17
污水处理率	4.25	0.71	0.17	4.25	0.71	0.17	4.25	0.89	0.21
生活垃圾无害化处理率	4.37	0.74	0.17	4.25	0.89	0.21	4.50	0.76	0.17
空气质量综合指数	4.38	0.52	0.12	4.25	0.89	0.21	4.38	0.92	0.21
参与旅游的积极性	4.25	0.89	0.21	4.50	0.54	0.12	4.25	0.89	0.21
对新鲜事物的接受程度	4.25	0.93	0.21	4.50	0.76	0.17	4.38	0.92	0.21
参与体育的积极性	4.38	0.92	0.21	4.50	0.76	0.17	4.50	0.76	0.17
从业人员服务态度与服务水平	4.63	0.74	0.16	4.50	0.76	0.17	4.50	0.76	0.17

在第二轮专家咨询的过程中，有3名专家给出了如下调整意见。（1）"交通环境"与"建成路网密度"有一定的相似性，建议合并。（2）"体育产业占GDP比重"可操作性较低，建议删除。（3）实现小镇的可持续发展，除了扶贫以外，扶智也是重要环节，建议增加"就业技能培训人次"。

综合以上专家意见，并考虑专家咨询评议表评分情况，结合我国运动休闲特色小镇的实际发展情况与所选指标之间的逻辑关系，本书进一步对运动休闲特色小镇扶贫框架体系进行了推敲、修改与调整。（1）删除指标："交通环境""体育产业占GDP的比重"。（2）修改指标："游客接待量"改成"全年接待游客人次"，"医疗水平的改善"改成"医疗、卫生设施条件"，"就业率"改成"新增就业人数"，"体育及旅游企业数量"改成"全年新增个体工商户和民营企业"。（3）增加指标："就业技能培训人次"。形成第三轮专家咨询问卷。

6.2.3.3　第三轮专家咨询结果

根据对第二轮专家咨询意见的统计分析结果，对运动休闲特色小镇扶贫效应评价指标体系进行了修改，形成第三轮专家咨询表，确定专家对指标重要性、可操作性、敏感性三者之间的得分分配（见表6－4），其中，重要性得分为41.87分，可操作性得分为31.25分，敏感性得分为26.88分。

表6－4　　　　　　　　　　第三轮专家咨询指标得分结果

指标	重要性			可操作性			敏感性		
	均值	标准差	变异系数	均值	标准差	变异系数	均值	标准差	变异系数
经济发展	4.88	0.35	0.07	4.75	0.46	0.10	4.50	0.54	0.12
社会进步	4.88	0.35	0.07	4.38	0.74	0.17	4.38	0.52	0.12
生态保护	4.63	0.52	0.11	4.63	0.52	0.11	4.63	0.52	0.11
精神文化	4.50	0.54	0.12	4.38	0.52	0.12	4.50	0.54	0.12
地区生产总值	4.88	0.35	0.07	4.62	0.52	0.11	4.75	0.46	0.10
全年游客接待人次	4.62	0.52	0.11	4.75	0.46	0.10	4.88	0.35	0.07
新增就业人数	4.62	0.52	0.11	4.50	0.54	0.12	4.63	0.52	0.11
贫困发生率	4.75	0.46	0.10	4.75	0.46	0.10	4.88	0.35	0.07
全年新增个体工商户和民营企业	4.88	0.35	0.07	4.88	0.35	0.07	4.62	0.52	0.11
建成路网密度	4.63	0.52	0.11	4.50	0.54	0.12	4.63	0.52	0.11
城镇化率	4.63	0.52	0.11	4.88	0.35	0.07	4.75	0.46	0.10
小镇管理制度及执行效果	4.88	0.35	0.07	4.75	0.46	0.10	4.62	0.52	0.11
网络搜索量	4.75	0.46	0.10	4.75	0.46	0.10	4.25	0.71	0.17
人均体育场地面积	5.00	0.00	0.00	4.63	0.52	0.11	4.75	0.46	0.10
社会治安情况	4.88	0.35	0.07	4.63	0.52	0.11	4.50	0.54	0.12
医疗、卫生设施条件	4.75	0.46	0.10	4.75	0.46	0.10	4.50	0.54	0.12
绿化覆盖面积	4.50	0.54	0.12	4.50	0.54	0.12	4.63	0.52	0.11
居民环境保护意识	4.88	0.35	0.07	4.75	0.46	0.10	4.75	0.46	0.10
污水处理率	4.50	0.54	0.12	4.63	0.52	0.11	4.75	0.46	0.10
生活垃圾无害化处理率	4.63	0.52	0.11	4.75	0.46	0.10	4.63	0.52	0.11
空气质量综合指数	4.50	0.54	0.12	4.62	0.52	0.11	4.75	0.46	0.10
参与旅游的积极性	4.63	0.52	0.11	4.75	0.46	0.10	4.63	0.52	0.11
对新鲜事物的接受程度	4.88	0.35	0.07	4.88	0.35	0.07	4.88	0.35	0.07
参与体育的积极性	4.88	0.35	0.07	4.75	0.46	0.10	4.75	0.46	0.10
从业人员服务态度与服务水平	4.75	0.46	0.10	4.63	0.52	0.11	4.88	0.35	0.07
专业技能培训人次	4.88	0.354	0.07	4.5	0.535	0.12	4.75	0.463	0.10

6.2.4　建立运动休闲特色小镇扶贫效应评价指标体系

6.2.4.1　运动休闲特色小镇扶贫效应评价指标体系

经过文献资料的提炼、总结，三轮德尔菲法的专家论证，最终得到运动休闲特色小镇扶贫效应指标体系，指标共计26个。其中，一级指标4项，包括经济发展、社会进步、生态保护、精神文明；二级指标共22项，经济发展5项：地区生产总值、全年接待游客人次、新增就业人数、贫困发生率、全年新增个体工商户和民营企业。社会进步7项：建成路网密度，城镇化率，小镇管理制度及执行效果，网络搜索量，人均体育场地面积，社会治安情况，医疗、卫生设施条件。生态保护5项：绿化覆盖面积、居民环境保护意识、污水处理率、生活垃圾无害化处理率、空气质量综合指数。精神文明5项：参与旅游的积极性、对新鲜事物的接受程度、参与体育的积极性、从业人员服务态度与服务水平、就业技能培训人次（见表6－5）。

表6－5　　　　　运动休闲特色小镇扶贫效应指标体系一览

一级指标	二级指标	单位	性质	获取途径
经济发展	地区生产总值	万元	定量	政府部门统计数据
	全年接待游客人次	万人	定量	政府部门统计数据
	新增就业人数	万人	定量	政府部门统计数据
	贫困发生率	%	定量	政府部门统计数据
	全年新增个体工商户和民营企业	个	定量	政府部门统计数据
社会进步	建成路网密度	km^2	定量	政府部门统计数据
	城镇化率	%	定量	政府部门统计数据
	小镇管理制度及执行效果	—	定性	问卷调查
	网络搜索量	次	定量	网页统计数据
	人均体育场地面积	m^2/人	定量	政府部门统计数据
	社会治安情况	—	定性	问卷调查
	医疗、卫生设施条件	—	定性	问卷调查

一级指标	二级指标	单位	性质	获取途径
生态保护	绿化覆盖面积	m²	定量	政府部门统计数据
	居民环境保护意识	—	定性	问卷调查
	污水处理率	%	定量	政府部门统计数据
	生活垃圾无害化处理率	%	定量	政府部门统计数据
	空气质量综合指数	μg/m³	定量	政府部门统计数据
精神文明	参与旅游的积极性	—	定性	问卷调查
	对新鲜事物的接受程度	—	定性	问卷调查
	参与体育的积极性	—	定性	问卷调查
	从业人员服务态度与服务水平	—	定性	问卷调查
	就业技能培训人次	次	定量	行业统计数据

6.2.4.2 相关指标的解释

1. 一级指标的解释

（1）经济发展是指运动休闲特色小镇建设给贫困地区带来的直接或间接的经济增长变化。经济发展是衡量小镇脱贫的直接依据，是运动休闲特色小镇建设促进区域发展的重要目标。

（2）社会进步是指运动休闲特色小镇建设给贫困地区社会制度、基础设施、治安医疗等方面带来的变化。社会进步是衡量小镇可持续脱贫的重要指标之一。服务民生，改善贫困地区生产生活面貌，是运动休闲特色小镇建设的动力源泉之一。

（3）生态保护是指运动休闲特色小镇建设给贫困地区生态环境保护所带来的各项变化。环境保护是衡量小镇可持续脱贫的重要指标之一。绿水青山就是金山银山，良好的生态环境是人类永续发展的基石，贫困地区发展不能以生态破坏为代价，因此，应充分重视建设运动休闲特色小镇对贫困地区生态环境带来的各项变化。

（4）精神文明是指运动休闲特色小镇建设给贫困地区居民所带来的思想观念上的转变。扶贫的关键在于扶智，提升当地贫困人口的思想和技能，是衡量小镇可持续脱贫的重要指标之一。

2. 二级指标解释

（1）地区生产总值：一定时期内贫困地区生产活动的最终成果。

（2）全年接待游客人次：一年内运动休闲特色小镇接待游客数量。

（3）新增就业人数：是反映贫困地区贫困人口就业工作状况优劣、是否落实国家劳动就业政策的重要指标之一。

（4）贫困发生率：运动休闲特色小镇所在地按现行的贫困标准，贫困人口占全部人口的比例，是考核地方脱贫绩效的重要指标。

（5）全年新增个体工商户和民营企业：个体工商户是指公民在贫困地区依法经核准登记，从事工商业经营或服务的家庭或个体；相对于国有企业而言，民营企业是指民间私人在贫困地区投资、经营、享受投资收益、承担经营风险的法人经济实体。全年新增个体工商户和民营企业在一定程度上反映了贫困地区的经济发展状况。

（6）建成路网密度：主要是指贫困地区范围内建成区域内平均每平方千米城市用地上拥有的城市道路长度。

（7）城镇化率：是指一定区域内城镇常住人口占该区域常住总人口的比重，是衡量贫困地区发展进程的重要指标。

（8）小镇管理制度及执行效果：小镇管理制度是对小镇及其所在地区的管理机制、管理原则、管理方法以及管理机构设置的总称。合理的小镇管理制度是小镇及其所在地区可持续性发展的保障，制度的执行效果是衡量小镇管理水平的标尺。

（9）网络搜索量：是衡量小镇知名度的重要依据，是衡量贫困地区对外交流程度与流动水平的重要指标。

（10）人均体育场地面积：是指一定范围内室内、室外体育场地（馆）面积的人均占有量。体育场地包含各类正式或非正式组织、各行业管理的室内、室外体育场馆、场地。

（11）社会治安情况：是指社会的安定秩序，包括公共秩序、公共安全、公民人身权利、公私财产等方面的安定有序。

（12）医疗、卫生设施条件：是指根据人的基本生理、卫生、健康需要设置的重要的城市公共服务设施，是判断贫困地区建设水平、公共服务完善程度以及居民生活质量高低的重要依据。

（13）绿化覆盖面积：是反映一个地区或一定区域范围内生态环境保护状

况的重要指标。

（14）居民环境保护意识：是指居民理解、支持、参与生态环境保护意识的积极转变。

（15）污水处理率：是指经过有关部门处理的生活污水及工业废水排放量占污水排放总量的比重。

（16）生活垃圾无害化处理率：是指贫困地区相关单位在处理生活垃圾过程中采用工艺是否先进和技术是否科学环保，旨在最大程度降低垃圾及其衍生物对环境的影响，做到资源集约利用。生活垃圾无害化处理率在本书中指贫困地区无害化处理的垃圾量占总处理垃圾量的比率。

（17）空气质量综合指数：表示一定区域内每立方米空气中可吸入肺部颗粒物的含量。该数值越高，说明空气中污染程度越严重。常规监测的几种空气污染物包括：细颗粒物、可吸入颗粒物、二氧化硫、二氧化氮、臭氧、一氧化碳等。

（18）参与旅游的积极性：是指小镇居民对旅游认知的积极转变，表现为贫困人口有能力、有意愿积极走出熟悉的常住地，在物质与精神上的双重脱贫。

（19）对新鲜事物的接受程度：贫困人口多处于交通闭塞、信息不畅的地区，常抱有守旧思想，接受外来事物的意识与贫困户的发展有极大联系。

（20）参与体育的积极性：是指小镇居民对体育认知的积极转变，表现为贫困人口重视身体健康、积极从事体育运动的认知转变，参与体育是保证贫困人口人力资本存量、促进增量的有效手段。

（21）从业人员服务态度与服务水平：服务态度是指提供服务人员在服务过程中表现出一种神态；服务水平是指提供服务人员的工作能够满足被服务者需求的程度。从业人员服务态度与服务水平的高低反映了当地贫困人口素质与职业态度是否有所改善。

（22）就业技能培训人次：小镇组织专业技能培训的次数越多，证明愿意积极参与技能培训的贫困人口越多，"扶智"的效果明显，体现当地人口脱贫意志与精神文明状况。

6.2.5　确立运动休闲特色小镇指标体系权重系数

6.2.5.1　层次分析法确定运动休闲特色小镇指标权重系数

层次分析法（the analytic hierarchy process，AHP），来自运筹学理论，是

一种广泛处理复杂抽象问题、定性与定量相结合的决策分析方法。层次分析法的基本原理是根据具有一级目标、次级目标、约束条件等因素，采用两两比较的数学方法确定判断矩阵。随后，把判断矩阵最大特征向量的子向量作为对应系数，分别对比，最终综合给出各方案的优先程度。层次分析法是一种简洁明了、深入分析、准确计量的决策方法。相较于其他权重分析方法具有较强实用性、有效性、代表性。

确定权重系数的步骤如下。

（1）确定目标和运动休闲特色小镇扶贫评价因素：P 个评价指标，$u = \{u_1, u_2, \cdots, u_p\}$。

（2）构造判断矩阵。判断矩阵元素的值较好地体现了人们对各评价指标相对事物重要性的认识，通常采用 $1 \sim 9$ 及其倒数的标记方法，得到判断矩阵 $S = (u_{ij})_{p \times p}$。

（3）计算判断矩阵，见表 6 - 6。

表 6 - 6   元素相对重要性的比例标度

标度	含义
1	两个元素相比同等重要
3	两个元素相比，前者比后者略为重要
5	两个元素相比，前者比后者相当重要
7	两个元素相比，前者比后者明显重要
9	两个元素相比，前者比后者绝对重要
2，4，6，8	上述相邻判断的中间值
倒数	若元素 i 与元素 j 相比得 a_{ij}，则元素 j 与元素 i 相比得 $1/a_{ij}$

（4）一致性检验。用 Matlab 软件计算最大特征根 λ_{max} 以及对应特征向量 A，需计算一致性指标：$CI = \dfrac{\lambda_{max} - n}{n - 1}$，平均随机一致性指标 RI。当随机一致性比率 $CR = \dfrac{CI}{RI} < 0.10$ 时，认为层次分析排序具有科学性，最终得出合理的权重分配系数。表 6 - 7 为用于查找一致性指标 RI。

表 6 - 7   平均随机一致性指标

N	1	2	3	4	5	6	7	8	9	10	11	12	13	14	15
RI	0	0	0.58	0.90	1.12	1.24	1.32	1.41	1.45	1.49	1.51	1.54	1.56	1.58	1.59

6.2.5.2 判别矩阵构建及权重的求解

根据运动休闲特色小镇扶贫指标体系，利用标度法，通过专家咨询法问卷调查，选取本领域 8 位专家，分别对指标的重要程度进行打分，然后再对打分结果进行内部讨论和归纳，得到两两判别矩阵，见表 6-8。

表 6-8   一级指标判别矩阵

项目	经济发展	社会进步	生态保护	精神文明
经济发展	1	2	3	5
社会进步	1/2	1	2	3
生态保护	1/3	1/2	1	2
精神文明	1/5	1/3	1/2	1

计算判断矩阵 S 的最大特征根得 $\lambda_{max}4.0145$。进一步对判断矩阵一致性进行计算，得出一致性指标：$CI = \dfrac{\lambda_{max}}{n-1} \dfrac{4.0145-4}{4-1} 0.0048$，平均随机一致性指标 $RI=0.9$。随机一致性比率：$CR = \dfrac{CI}{RI} = \dfrac{0.0048}{0.9} = 0.0054 < 0.10$。权重系数分配合理。

根据公式 $S = (u_{ij})_{p \times p}$ 得到经济发展判别矩阵，见表 6-9。

表 6-9   经济发展判别矩阵

项目	地区生产总值	全年接待人次	就业率	贫困发生率	体育及旅游企业数量
地区生产总值	1	5	2	3	4
全年接待游客人次	1/5	1	1/3	1/2	1
就业率	1/2	3	1	2	2
贫困发生率	1/3	2	1/2	1	1
体育及旅游企业数量	1/4	1	1/2	1	1

计算判断矩阵 S 的最大特征根得 $\lambda_{max}5.0406$。进一步对判断矩阵一致性进行计算，得出一致性指标：$CI = \dfrac{\lambda_{max}}{n-1} \dfrac{5.0406-5}{5-1} 0.0102$，平均随机一致性指标

$RI = 1.12$。随机一致性比率：$CR = \dfrac{CI}{RI} = \dfrac{0.0102}{1.12} = 0.0091 < 0.10$。权重系数分配合理。

根据公式 $S = (u_{ij})_{p \times p}$，得到社会发展判别矩阵，见表 6 - 10。

表 6 - 10　　　　　　　　　社会发展判别矩阵

项目	建成路网密度	城镇化率	小镇管理制度及执行效果	网络搜索量	人均体育场地面积	社会治安情况	医疗、卫生设施条件
建成路网密度	1	1/2	7	6	2	3	4
城镇化率	2	1	9	7	3	4	5
小镇管理制度及执行效果	1/7	1/9	1	1	1/4	1/2	1/3
网络搜索量	1/6	1/7	1	1	1/3	1/2	1
人均体育场地面积	1/2	1/3	4	3	1	1	2
社会治安情况	1/3	1/4	2	2	1	1	1
医疗、卫生设施条件	1/4	1/5	2	1	1/2	1	1

计算判断矩阵 S 的最大特征根得 $\lambda_{max} 7.0468$。进一步对判断矩阵一致性进行计算，得出一致性指标：$CI = \dfrac{\lambda_{max}}{n-1} \dfrac{7.0468-7}{7-1} 0.0078$，平均随机一致性指标

$RI = 1.32$。随机一致性比率：$CR = \dfrac{CI}{RI} = \dfrac{0.0078}{1.32} = 0.0059 < 0.10$。权重系数分配合理。

根据公式 $S = (u_{ij})_{p \times p}$，得到生态保护判别矩阵，见表 6 - 11。

表 6 - 11　　　　　　　　　生态保护判别矩阵

项目	绿化覆盖面积	居民环境保护意识	污水处理率	生活垃圾无害化处理率	空气质量综合指数
绿化覆盖面积	1	1/2	5	2	3
居民环境保护意识	2	1	7	4	4
污水处理率	1/5	1/7	1	1/3	1/2
生活垃圾无害化处理率	1/2	1/4	3	1	1
空气质量综合指数	1/3	1/4	2	1	1

计算判断矩阵 S 的最大特征根得 $\lambda 5.0399_{max}$。进一步对判断矩阵一致性进

行计算：$CI = \dfrac{\lambda_{\max}}{n-1} \dfrac{5.0399-5}{5-1} 0.0100$，平均随机一致性指标 $RI = 1.12$。随机一

致性比率：$CR = \dfrac{CI}{RI} = \dfrac{0.0100}{1.12} = 0.0089 < 0.10$。权重系数分配合理。

根据公式 $S = (u_{ij})_{p \times p}$，得到精神文明判别矩阵，见表 6–12。

表 6–12　　　　　　　　　　　精神文明判别矩阵

项目	参与旅游的积极性	对新鲜事物的接受程度	参与体育的积极性	从业人员服务态度与服务水平	就业技能培训次数
参与旅游的积极性	1	1/3	1/2	4	2
对新鲜事物的接受程度	3	1	2	6	4
参与体育的积极性	2	1/2	1	5	3
从业人员服务态度与服务水平	1/4	1/6	1/5	1	1/2
就业技能培训次数	1/2	1/4	1/3	2	1

计算判断矩阵 S 的最大特征根得 $\lambda_{\max} 5.0633$。进一步对判断矩阵一致性进

行计算：$CI = \dfrac{\lambda_{\max}}{n-1} \dfrac{5.0633-5}{5-1} 0.0158$，平均随机一致性指标 $RI = 1.12$。随机一

致性比率：$CR = \dfrac{CI}{RI} = \dfrac{0.0158}{1.12} = 0.0141 < 0.10$。权重系数分配合理。

综合以上分析，得出运动休闲特色小镇扶贫效应评价指标体系权重分配（见表 6–13）。一级指标中经济发展权重系数最高（0.4829）；社会进步次之（0.2720）；生态保护第三（0.1570）；精神文明最低（0.0882）。这反映出在精准扶贫的大背景下，贫困地区提高经济收入、改善贫困人口生产生活条件是首要任务。在二级指标中地区生产总值（0.4322）、城镇化率（0.3746）、居民环境保护意识（0.4518）、对新鲜事物的接受程度（0.4224）相对较高。

表 6–13　　　　　　　运动休闲特色小镇扶贫效应评价指标权重

序号	一级指标（权重系数）	二级指标（权重系数）
1	经济发展（0.4829）	地区生产总值（0.4322）
2		全年接待游客人次（0.0850）

序号	一级指标（权重系数）	二级指标（权重系数）
3	经济发展（0.4829）	就业率（0.2379）
4		贫困发生率（0.1345）
5		体育及旅游企业数量（0.1105）
6	社会进步（0.2720）	建成路网密度（0.2539）
7		城镇化率（0.3746）
8		小镇管理制度及执行效果（0.0373）
9		网络搜索量（0.0478）
10		人均体育场地面积（0.1277）
11		社会治安情况（0.0901）
12		医疗、卫生设施条件（0.0686）
13	生态保护（0.1570）	绿化覆盖面积（0.2628）
14		居民环境保护意识（0.4518）
15		污水处理率（0.0526）
16		生活垃圾无害化处理率（0.1260）
17		空气质量综合指数（0.1069）
18	精神文明（0.0882）	参与旅游的积极性（0.1650）
19		对新鲜事物的接受程度（0.4224）
20		参与体育的积极性（0.2666）
21		从业人员服务态度与服务水平（0.0521）
22		就业技能培训次数（0.0938）

6.2.5.3 评估运动休闲特色小镇扶贫效应指标体系

本书采用层次分析法（AHP）来确定各指标的权重系数，是因为在实践过程中，评价对象具有复杂性与不确定性，为了进一步评判指标体系的可靠性与科学性，选择模糊综合评价法，将无法用精准数字去衡量和描述客观现象，在综合评价的过程中进行定量化处理，使评价结论更可信。然而，模糊综合评价中常用的取大取小算法，具有一定的局限性，因此，本书采纳模糊综合评价的改进模型。在对运动休闲特色小镇扶贫效应的结果进行分析时，基于最大隶属度原则，提出了加权平均原则方法。

模糊综合评价是以模糊数学为基础，即用模糊数学对受到多种因素制约的现象或事物，做出一个总体的评价，是主观赋权法的一种类型。其结果直观清晰、系统性强，能较好地实际评价过程中模糊且难以量化的问题，相较其他主观赋权法，更加强调定性和定量因素相结合，扩大信息量，使评价数值科学性提高，评价结论可信。模糊综合评价法在解决新领域内产生的新问题方面，具有独有的优势。在本书研究中，运动休闲特色小镇扶贫效应评价指标体系构建是在德尔菲法专家咨询评议的基础上，对指标的重要性、可操作性和敏感性进行等级判断，其具有模糊性的特征，因此，利用模糊综合评价法来计算运动休闲特色小镇扶贫效应指标体系的权重值，既可以保证权重值的准确性，又可以增加扶贫效应指标体系的合理性和科学性。

1. 确定运动休闲特色小镇扶贫效应的因素集

P 个评价指标，$u = \{u_1, u_2, \cdots, u_p\}$。其中，$u_i = (i = 1, 2, 3, \cdots, p)$ 表示反映运动休闲特色小镇扶贫效应的各种因素。

2. 建立综合评判集

$v = \{v_1, v_2, \cdots, v_p\}$，即运动休闲特色小镇可能对当地造成的总的影响的等级集合。$v_i = (i = 1, 2, 3, \cdots, p)$ 表示每一个等级可对应一个模糊子集，即运动休闲特色小镇扶贫效应评价指标由好到差的各级标度。

3. 建立模糊关系矩阵 R

逐一对运动休闲特色小镇的每个因素 $u_i (i = 1, 2, \cdots, p)$ 进行量化，确定运动休闲特色小镇对等级模糊子集的隶属度 $(R \mid u_i)$，得到模糊关系矩阵如下：

$$R = \begin{bmatrix} R \mid & u_1 \\ R \mid & u_2 \\ \cdots \\ R \mid & u_p \end{bmatrix} = \begin{bmatrix} r_{11} & r_{12} & \cdots & r_{1m} \\ r_{21} & r_{22} & \cdots & r_{2m} \\ \cdots & \cdots & \cdots & \cdots \\ r_{p1} & r_{p2} & \cdots & r_{pm} \end{bmatrix}_{p.m}$$

4. 确定评价因素的权重

在模糊综合评价中，确定运动休闲特色小镇扶贫效应指标的权重：$A = (a_1, a_2, \cdots, a_p)$。运动休闲特色小镇扶贫效应各个评价指标占有不同的比重（见表6-13）。确定权重系数，并且在合成之前归一化，即 $\sum_{i=1}^{p} a_i = 1, a_i \geqslant 0$，$i = 1, 2, \cdots, n$。

5. 计算模糊综合评价结果向量

将 A 与各被评事物的 R 要素相乘，得到各运动休闲特色小镇扶贫效应评价指标的模糊综合评价结果向量 B。即：

$$A \times R = (a_1, a_2, \cdots, a_p) \begin{bmatrix} r_{11} & r_{12} & \cdots & r_{1m} \\ r_{21} & r_{22} & \cdots & r_{2m} \\ \cdots & \cdots & \cdots & \cdots \\ r_{p1} & r_{p2} & \cdots & r_{pm} \end{bmatrix} = (b_1, b_2, \cdots, b_m) = B$$

6. 分析模糊综合评价结果向量

在本书研究的综合评价中，每一个运动休闲特色小镇扶贫指标设定五个级别评语，即 $V = [V_1, V_2, V_3, V_4, V_5] = [很好，较好，一般，较差，很差]$，并且赋值为 $V = [5, 4, 3, 2, 1]$，由8位经验丰富的专家、学者、实践工作者对运动休闲特色小镇扶贫指标体系进行评估，分别由不同专家对指标层指标进行等级评分，取赞同运动休闲特色小镇扶贫效应指标的评语等级的比重为隶属度，建立单因素模糊综合评判矩阵，计算结果如下。

经济发展的评价向量：

$$B_1 = (0.4322, 0.085, 0.2379, 0.1345, 0.1105) \times \begin{bmatrix} 0.75 & 0.25 & 0 & 0 & 0 \\ 0.625 & 0.375 & 0 & 0 & 0 \\ 0.625 & 0.375 & 0 & 0 & 0 \\ 0.75 & 0.25 & 0 & 0 & 0 \\ 0.875 & 0.125 & 0 & 0 & 0 \end{bmatrix}$$

$$= (0.723525, 0.276575, 0, 0, 0)$$

社会进步的评价向量：

$$B_2 = (0.2539, 0.3746, 0.0373, 0.0478, 0.1277, 0.0901, 0.0686)$$

$$\times \begin{bmatrix} 0.625 & 0.375 & 0 & 0 & 0 \\ 0.625 & 0.375 & 0 & 0 & 0 \\ 0.5 & 0.5 & 0 & 0 & 0 \\ 0.625 & 0.375 & 0 & 0 & 0 \\ 1 & 0 & 0 & 0 & 0 \\ 0.75 & 0.25 & 0 & 0 & 0 \\ 0.75 & 0.25 & 0 & 0 & 0 \end{bmatrix} = (0.688063, 0.311938, 0, 0, 0)$$

生态保护的评价向量：

$$B_3 = (0.2628, 0.4518, 0.0526, 0.126, 0.1069) \times \begin{bmatrix} 0.5 & 0.5 & 0 & 0 & 0 \\ 0.875 & 0.125 & 0 & 0 & 0 \\ 0.625 & 0.375 & 0 & 0 & 0 \\ 0.75 & 0.25 & 0 & 0 & 0 \\ 0.5 & 0.5 & 0 & 0 & 0 \end{bmatrix}$$

$$= (0.70755, 0.29255, 0, 0, 0)$$

精神文明的评价向量：

$$B_4 = (0.165, 0.4224, 0.2666, 0.0521, 0.0938) \times \begin{bmatrix} 0.625 & 0.375 & 0 & 0 & 0 \\ 0.875 & 0.125 & 0 & 0 & 0 \\ 0.875 & 0.125 & 0 & 0 & 0 \\ 0.75 & 0.25 & 0 & 0 & 0 \\ 0.875 & 0.125 & 0 & 0 & 0 \end{bmatrix}$$

$$= (0.82715, 0.17275, 0, 0, 0)$$

整体评价向量：

$$B = (0.4829, 0.272, 0.157, 0.0882) \times \begin{bmatrix} 0.723525 & 0.276575 & 0 & 0 & 0 \\ 0.688063 & 0.311938 & 0 & 0 & 0 \\ 0.70755 & 0.29255 & 0 & 0 & 0 \\ 0.82715 & 0.17275 & 0 & 0 & 0 \end{bmatrix}$$

$$= (0.720583, 0.279572, 0, 0, 0)$$

根据评价等级 V_1（很好）、V_2（较好）、V_3（一般）、V_4（较差）、V_5（很差），分别赋值为 5、4、3、2、1，可求出运动休闲特色小镇扶贫效应评价指标体系整体评分值：

$$V = 5 \times 0.720583 + 4 \times 0.279572 + 3 \times 0 + 2 \times 0 + 1 \times 0 = 4.7212$$

因此，运动休闲特色小镇扶贫效应指标体系整体评分值为 4.7212，介于较好与很好之间。

6.2.6　张家口崇礼区太舞滑雪小镇扶贫效应分析

6.2.6.1　太舞滑雪小镇建设扶贫现状

1. 太舞滑雪小镇建设现状

太舞滑雪小镇位于河北省张家口市崇礼区，距离北京 220 千米。地处内蒙古高原与华北平原过渡地带，属东亚大陆性季风气候，地形起伏多变，山地落差大。太舞滑雪小镇主峰玉石梁海拔 2160 米，雪道绝对落差 510 米，拥有 200 条难易不同雪道，总长度 138 千米，以满足不同滑雪爱好者的需求。在硬件设施方面，太舞滑雪小镇共计配备 45 条索道，21 条魔毯，总长度 38.23 千米，共计造雪面积达 400 公顷，配备波马嘉仕其（POMA）公司 4 人脱挂式抱索器高速吊椅缆车（配置防风罩），快速运送滑雪者到达山顶，提升滑雪体验。此外，小镇管理者极其重视滑雪安全，在滑雪场内设有 2 个固定巡逻值班点，专人轮班巡视；配备 2 艘专业雪上救护船、8 台雪地摩托车及 1 台专用救护车，以便能迅速到达滑雪事故地点。度假区内配备 1 名医生、1 名护士和 1 个医务室，并有国际专业水准巡逻队及医护设备保障雪场人员安全。

太舞滑雪小镇以建设大型综合滑雪目的地为蓝图，兼具大型会议、休闲娱乐、户外运动等业态，除滑雪以外，在非雪季还将开展营地教育、山地自行车等其他项目。此外，太舞滑雪小镇是 2022 年冬奥会雪上竞赛项目核心区之一，基础设施完善。现有多条高速直达，京张高铁已投入使用，从北京北站到崇礼太子城站只需 1 小时，自驾车走高速约 2.5 个小时。崇礼太舞滑雪小镇由瑞意投资集团所投资，总用地面积 80 平方千米，建筑面积约 200 万平方米。首先，其提出"冬春滑雪、夏秋户外"的四季运营理念，并于 2016 年 7 月开始进行夏季运营的初步尝试，开设了定向越野、山地骑行、休闲露营、彩色跑等多个热门项目，同时与山地度假旅游社团、团队拓展公司、青少年户外营地教育组织等单位进行项目合作，让小镇一年四季客流不断。其次，太舞滑雪小镇进一步强化"体育赛事＋旅游"的商业模式，定期在小镇举办全国定向越野挑战赛、斯巴达勇士赛亚太区锦标赛、BMW 自由式滑雪雪上技巧世界杯、全国单板滑雪平行项目锦标赛及 U18 青少年锦标赛等国内国际大型赛事，依托小镇优越的地理条件和自然资源，开发了大量不受季节影响的体育旅游项目产品与精品赛事，保证游客体验品质，进一步延长游客停留时间，增加小镇知名度与专业性，建立世界级四季度假胜地。最后，太舞滑雪小镇通过增强休闲旅游产品，促进度假区活动多样化，增设免费教学活动等措施，开创了"小镇＋教育"的特色产品。在太舞滑雪小镇的发展规划中，其借助京津冀协同发展战略和举办冬奥会的契机，发展成为以四季休闲运动为主线，集高端酒店、潮流运动、精品活动、专业赛事于一体的大型休闲旅游度假目的地。

2. 太舞滑雪小镇扶贫现状

选择太舞滑雪小镇作为案例进行实证分析，主要有三方面的原因：第一，从发展机遇上看，太舞滑雪小镇是 2022 年冬奥会雪上竞赛项目核心区，奥运经济效应为太舞小镇建设吸引了大量外来投资和基础设施改建，为居民就业脱贫提供保障。第二，从扶贫角度看，2014 年，太舞滑雪小镇核心区启动建设，次年，小镇正式开始运营。与我国提出精准扶贫时间相吻合，在一定程度上见证了崇礼区脱贫的历程。第三，2018 年，太舞滑雪小镇已被崇礼区人力资源和社会保障局认定为 13 家扶贫工厂之一，其对于当地经济社会文化等领域的贡献已被政府部门认可。因此，太舞滑雪小镇在帮扶贫困人口获利、促进贫困地区发展方面具有代表性与启示意义，与本书研究的主旨相吻合。

河北省张家口市崇礼区由原崇礼县于 2016 年撤县设区而来。崇礼县是一直是国家级贫困县之一。由于其"山沟不连通"的特殊地貌条件，限制了当地交通的发展，进而影响其整个经济社会的发展。崇礼县人民的主要收入来自传统农耕、放羊牧牛和铁矿、金矿开采。长久以来，张家口作为首都重要的"生态屏障"，工业发展一直受到限制。2003 年，国家高度重视生态建设，进一步推行封山禁牧和退耕还林还草的政策，虽然极大程度上保障了张家口市良好的生态环境（崇礼区空气质量综合指数长期保持全省第一），但是也抑制了当地经济的发展。冬奥会申办成功之前，崇礼县约 13 万人口中，贫困发生率超过 30%。撤县设区以来，崇礼以发展生态和旅游为脱贫攻坚根本途径，围绕壮大体育休闲产业带动相关产业发展的总体思路，全面提升冬季滑雪和夏季户外运动的核心竞争力，为推动当地社会经济发展奠定了良好的基础。截至 2018 年底，在新的贫困标准下（农民人均年纯收入 2300 元）崇礼未脱贫还有 1609 户、2781 人①。太舞滑雪小镇隶属河北省张家口市崇礼区四台嘴乡营岔村。当地资源匮乏、交通不便，传统种植和旅游开发成为该地区主要的经济来源；受自然环境、市场规模、公共卫生等多方面因素影响，其产业效益并不突出，是国家级贫困地区之一。

太舞滑雪小镇结合旅游扶贫、产业扶贫、就业保障扶贫等多种扶贫方式，有效提升了多产业的发展层次，推动了体育旅游的快速发展。太舞小镇主、协办了多场高水平、多主体的高峰论坛，深入探讨创新与科技、特色小镇建设与区域协调发展、体育旅游与区域经济发展等主题，增加小镇曝光率的同时，进一步为小镇长期可持续发展积累智力、科学力量。此外，小镇提供了大量就业机会。在餐饮中心、客房服务、安保部、索道服务部等多部门为解决贫困人口提供就业机会，为入职员工提供完善的福利保障、职位发展以及岗位培训等诸多服务，助力贫困人员实现长久脱贫。根据本书研究的实地调查与访问，崇礼区有近 3 万人直接或间接为雪场服务。受访者表示，近几年来，雪场周围发生了翻天覆地的变化，原来居民住房以黄泥掺土堆砌的土坯房为主，现在家家户户盖起了农家乐，提升了自家居民环境的同时，带来了巨大的经济收入。随着雪季的到来，客房基本处于爆满状态，顾客至少提前 2 天才能预订到房间。

6.2.6.2 扶贫效应评价

1. 数据采集

本书课题组成员通过实地考察、访问交谈、问卷调查等方式收集张家口太舞滑雪小镇扶贫相关数据。于 2019 年 1 月 10～20 日在河北省崇礼区太舞滑雪小镇进行数据收集和问卷调查，共计发放问卷 350 份，回收 342 份，有效问卷 325 份，有效率 95%。

---

① 崇礼区政府办. 河北崇礼以筹办冬奥会引领经济社会发展［EB/OL］. http：//www.zjkcl.gov.cn/govaffair/content.jsp？code = 735609511/2018 - 44170, 2018 - 11 - 19.

太舞滑雪小镇扶贫效应调查问卷分为两部分：第一部分是居民人口特征，包括性别、年龄、受教育程度、月收入和收入来源等；第二部分是居民对太舞滑雪小镇从建设到运营个人感知进行评价，包括小镇社会治安环境，医疗、卫生设施条件，居民环境保护意识，参与旅游的积极性，对新事物的接受程度等方面。

1）受访者特征

受访者特征统计情况见表 6 - 14。

表 6 - 14　　　　　　受访者特征统计

项目	类别	人数（个）	百分比（%）
类型	游客	96	29.54
	当地居民	229	70.46
性别	男	196	60.31
	女	129	39.69
年龄	18～30 岁	24	7.38
	31～40 岁	109	33.54
	41～50 岁	139	42.77
	51～60 岁	29	8.92
	61 岁及其以上	24	7.38
学历	研究生及以上	25	7.69
	大学（含大专）	41	12.62
	高中或中专	143	44
	初中	87	26.77
	小学及以下	29	8.92
月收入水平	3000 元以下	63	19.38
	3001～5000 元	171	52.62
	5001～8000 元	66	20.31
	8001～10000 元	14	4.31
	10001 元以上	11	3.38

2）定量指标数值

通过浏览、查阅 2013 年、2019 年崇礼区政府、张家口市生态环境局、河北省统计局、河北省住房和城乡建设厅发布的政府工作报告、经济年鉴、年度统计等相关资料，2013 年和 2019 年各定量指标的实际值见表 6 - 15。

表 6 - 15　　　　2013 年和 2019 年各定量指标实际值

一级指标	二级指标（单位）	2013 年	2019 年
经济发展	地区生产总值（亿元）	38.37	33.85
	全年接待游客人次（万人）	157.6	277
	新增就业人数（万人）	5.12	7.2
	贫困发生率（%）	31	4.3
	全年新增个体工商户和民营企业（个）	1180	1032
社会进步	建成路网密度（平方千米）	—	7.4
	城镇化率（%）	48.95	57
	网络搜索量（次）	24	398000
	人均体育场地面积（平方米/人）	1.4	1.7
生态保护	绿化覆盖面积（平方米）	41.20	40.80
	污水处理率（%）	94.57	95.37
	生活垃圾无害化处理率（%）	83.28	97.80
	空气质量综合指数（$\mu g/m^3$）	13.38	6.67
精神文明	就业技能培训（人次）	—	100

3）定性指标数值

通过问卷调查获取定性指标所需数据。定性指标数值共有 8 个：小镇管理制度及执行效果，社会治安情况，医疗、卫生设施条件，居民环境保护意识，参与旅游的积极性，对新鲜事物的接受程度，参与体育的积极性，从业人员服务态度与服务水平。将这指标标度分为五个评价等级，评语集为｛非常好、较好、一般、较差、很差｝，并由高到低赋值 5 分、4 分、3 分、2 分、1 分，见表 6 - 16，最终采用平均值比较感知度变化。

表 6－16   2013 年和 2019 年太舞滑雪小镇定性指标个人感知度一览

评价指标	评价等级						
	年份	非常好（5分）	较好（4分）	一般（3分）	较差（2分）	很差（1分）	平均值
小镇管理制度及执行效果	2019	103	118	56	17	31	4.18
社会治安环境变化	2013	53	108	120	13	31	3.43
	2019	191	69	38	22	5	4.29
医疗、卫生设施条件变化	2013	53	118	115	20	19	3.51
	2019	197	56	44	20	8	4.27
居民环境保护意识	2013	56	112	114	18	25	3.48
	2019	195	55	46	14	15	4.23
参与旅游的积极性	2013	53	121	115	11	25	3.51
	2019	202	53	38	21	11	4.27
对新鲜事物的接受程度	2013	61	123	99	18	24	3.55
	2019	206	49	45	21	4	4.33
参与体育活动的积极性	2013	63	110	110	13	29	3.51
	2019	199	54	36	25	11	4.25
从业人员服务态度与服务水平	2013	57	110	118	14	26	3.49
	2019	201	52	38	21	13	4.25

2. 太舞滑雪小镇扶贫效应的模糊综合评判模型和步骤

1）模糊综合评价法运用于太舞滑雪小镇扶贫效应实证研究的适配性

对事物的评价是一件极为重要的认识活动，是客观认识事物发展的重要环节。评价一般包括多个因素或指标，主要包括对目的、对象、人员、影响因素、权重系数、方法以及评价结果的评价，是一种相互权衡、互相作用的综合性评判过程。由于本书研究的实际评价对象具有复杂性与不确定性，先运用层次分析法请专家打分，两两比较指标重要性，确定判断矩阵，根据层次分析法得出的权重，运用模糊综合评价法客观建立数学模型后，得出合理的评价结论。模糊综合评价法运用于太舞滑雪小镇扶贫效应研究具有适配性：第一，运动休闲特色小镇扶贫是一个不确定性较高的过程，经济、社会、环境等的影响具有一定的模糊性，选择模糊综合评价法对其进行评估更有利于得出比较客观的结论；第二，运动休闲特色小镇扶贫效应评估的复杂性通常需要进行多层次模糊综合评价，根据不同可能性找出多层次问题答案，得出客观合理的评价结论。因此，本书选择模糊综合评价法对太舞滑雪小镇扶贫效应进行实证研究。

2）评价步骤

（1）确定评价对象的因素集。因素集是指刻画太舞滑雪小镇扶贫效应的各种因素，即评估指标。用公式表示为：P 个评价指标，$u = \{u_1, u_2, \cdots, u_p\}$。其中，$u_i = (i = 1, 2, 3, \cdots, p)$ 表示反映太舞滑雪小镇扶贫效应的各种因素。

（2）建立综合评判集。$v = \{v_1, v_2, \cdots, v_p\}$，即太舞滑雪小镇可能对当地造成系列影响的等级集合。$v_i = (i = 1, 2, 3, \cdots, p)$ 表示每一个等级可对应一个模糊子集，即太舞滑雪小镇扶贫效应由好到差的各级标度。

（3）建立模糊关系矩阵 R。在构造了等级模糊子集后，要逐个对太舞滑雪小镇扶贫指标体系中的每个因素 $u_i (i = 1, 2, \cdots, p)$ 进行量化，进而得到关系矩阵：

$$R = \begin{bmatrix} R & | & u_1 \\ R & | & u_2 \\ & \cdots & \\ R & | & u_p \end{bmatrix} = \begin{bmatrix} r_{11} & r_{12} & \cdots & r_{1m} \\ r_{21} & r_{22} & \cdots & r_{2m} \\ \cdots & \cdots & \cdots & \cdots \\ r_{p1} & r_{p2} & \cdots & r_{pm} \end{bmatrix}_{p \times m}$$

（4）确定评价因素的权重。得到上述模糊关系矩阵，尚不足以对太舞滑雪小镇扶贫效应作出评判。太舞滑雪小镇扶贫效应指标体系中的各个指标中占有不同的比重（见表 6 − 13）。

（5）计算模糊综合评价结果向量。将 A 与各被评事物的 R 要素进行计算，得到各运动休闲特色小镇扶贫效应指标的模糊综合评价结果向量 B。即：决策集 $B = (b_1, b_2, \cdots, b_m)$，以上是对太舞滑雪小镇扶贫效应总体状况分等级的程度描述，即：

$$A \times R = (a_1, a_2, \cdots, a_p) \begin{bmatrix} r_{11} & r_{12} & \cdots & r_{1m} \\ r_{21} & r_{22} & \cdots & r_{2m} \\ \cdots & \cdots & \cdots & \cdots \\ r_{p1} & r_{p2} & \cdots & r_{pm} \end{bmatrix} = (b_1, b_2, \cdots, b_m) = B$$

（6）分析模糊综合评价结果向量。在综合评价中，每一个指标设定五个级别评语，即 $V = [V_1, V_2, V_3, V_4, V_5] = [很好，较好，一般，较差，很差]$，并且赋值为 $V = [5, 4, 3, 2, 1]$。因本书已在前述得到一般意义上的运动休闲特色小镇扶贫效应指标体系，其中具体的指标涉及定量、定性两部分。定性部分指标本书采用实地调查和问卷调查法对当地 325 位居民进行问卷调查，完成该部分内容。定量部分指标邀请 8 位专家根据 2013 年和 2019 年各定量指标实际值（见表 6 - 15）对指标价值进行评估，分别由不同专家对指标进行等级评分，取赞同运动休闲特色小镇扶贫效应指标的评语等级的比重为隶属度，从而建立单因素模糊综合评判矩阵，计算结果如下。

经济发展的评价向量：

$$B_1 = (0.4322, 0.085, 0.2379, 0.1345, 0.1105)$$

$$\times \begin{bmatrix} 0.75 & 0.25 & 0 & 0 & 0 \\ 0.625 & 0.25 & 0.125 & 0 & 0 \\ 0.75 & 0.25 & 0 & 0 & 0 \\ 0.875 & 0.125 & 0 & 0 & 0 \\ 0.75 & 0.125 & 0.125 & 0 & 0 \end{bmatrix}$$

$$= (0.756263, 0.2194, 0.024438, 0, 0)$$

社会进步的评价向量：

$$B_2 = (0.2539, 0.3746, 0.0373, 0.0478, 0.1277, 0.0901, 0.0686)$$

$$\times \begin{bmatrix} 0.75 & 0.125 & 0.125 & 0 & 0 \\ 0.75 & 0.25 & 0 & 0 & 0 \\ 0.316923 & 0.363077 & 0.172308 & 0.052308 & 0.095385 \\ 0.625 & 0.25 & 0.125 & 0 & 0 \\ 0.75 & 0.25 & 0 & 0 & 0 \\ 0.587692 & 0.212308 & 0.116923 & 0.067692 & 0.015385 \\ 0.606154 & 0.172308 & 0.135385 & 0.061538 & 0.024615 \end{bmatrix}$$

$$= (0.703379, 0.213754, 0.063962, 0.012272, 0.006633)$$

生态保护的评价向量：

$$B_3 = (0.2628, 0.4518, 0.0526, 0.126, 0.1069)$$

$$\times \begin{bmatrix} 0.75 & 0.125 & 0.125 & 0 & 0 \\ 0.6 & 0.169231 & 0.141538 & 0.043077 & 0.046154 \\ 0.625 & 0.25 & 0.125 & 0 & 0 \\ 0.625 & 0.125 & 0.25 & 0 & 0 \\ 0.75 & 0.125 & 0.125 & 0 & 0 \end{bmatrix}$$

$$= (0.65998, 0.151571, 0.148235, 0.019462, 0.020852)$$

精神文明的评价向量：

$$B_4 = (0.165, 0.4224, 0.2666, 0.0521, 0.0938)$$

$$\times \begin{bmatrix} 0.75 & 0.125 & 0.125 & 0 & 0 \\ 0.6 & 0.169231 & 0.141538 & 0.043077 & 0.046154 \\ 0.625 & 0.25 & 0.125 & 0 & 0 \\ 0.625 & 0.125 & 0.25 & 0 & 0 \\ 0.75 & 0.125 & 0.125 & 0 & 0 \end{bmatrix}$$

$$= (0.624379, 0.15495, 0.136851, 0.061829, 0.021891)$$

（7）对上述结果进行归一化处理的结果如下。

经济发展：$B_1 = (0.756263, 0.2194, 0.024438, 0, 0)$，如图 6 - 2 所示。

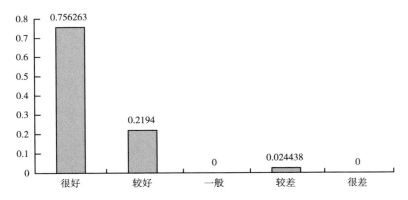

图 6 - 2　太舞滑雪小镇扶贫效应经济发展评估结果

根据最大隶属度方法评判，可知太舞滑雪小镇扶贫效应一级指标经济发展的结果隶属"很好"级评语，隶属度为 0.756263。

社会进步：$B_2 = (0.703379, 0.213754, 0.063962, 0.012272, 0.006633)$，如图 6 - 3 所示。

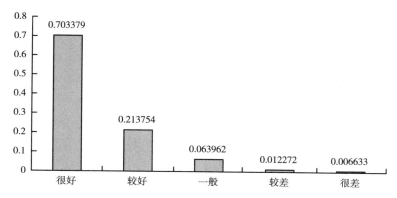

图 6-3　太舞滑雪小镇扶贫效应社会进步评估结果

　　根据最大隶属度方法评判，可知太舞滑雪小镇扶贫效应一级指标社会进步的结果隶属"很好"级评语，隶属度为 0.703379。

　　生态保护：$B_3 = (0.65998, 0.151571, 0.148235, 0.019462, 0.020852)$，如图 6-4 所示。

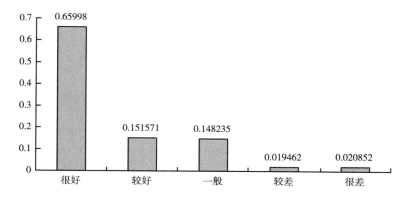

图 6-4　太舞滑雪小镇扶贫效应生态保护评估结果

　　根据最大隶属度方法评判，可知太舞滑雪小镇扶贫效应一级指标生态保护的结果隶属"很好"级评语，隶属度为 0.65998。

　　精神文明：$B_4 = (0.624379, 0.15495, 0.136851, 0.061829, 0.021891)$，如图 6-5 所示。

　　根据最大隶属度方法评判，可知太舞滑雪小镇扶贫效应一级指标精神文明的结果隶属"很好"级评语，隶属度为 0.624379。

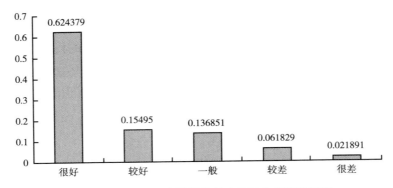

图6-5 太舞滑雪小镇扶贫效应精神文明评估结果

最终评估结果：将二级评价结果作为一级评价矩阵的源数据，记为 R，结合一级指标权重进行计算，得最终评价结果 B，计算结果如下，如图6-6所示。

整体评价向量：

$$B = (0.4829, 0.272, 0.157, 0.0882)$$

$$\times \begin{bmatrix} 0.756263 & 0.2194 & 0.024438 & 0 & 0 \\ 0.703379 & 0.213754 & 0.063962 & 0.012272 & 0.006633 \\ 0.65998 & 0.151571 & 0.148235 & 0.019462 & 0.020852 \\ 0.624379 & 0.15495 & 0.136851 & 0.061829 & 0.021891 \end{bmatrix}$$

$$= (0.715205, 0.201553, 0.064542, 0.011847, 0.007009)$$

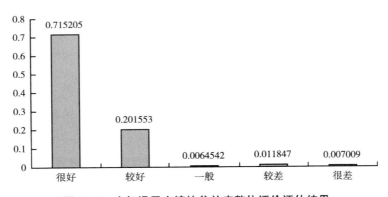

图6-6 太舞滑雪小镇扶贫效应整体评价评估结果

根据最大隶属度方法评判，可知太舞滑雪小镇扶贫效应整体结果隶属

"很好"级评语，隶属度为 0.715205。

根据评价等级 V_1（很好）、V_2（较好）、V_3（一般）、V_4（较差）、V_5（很差），分别赋值为 5、4、3、2、1，可求太舞滑雪小镇扶贫效应整体评分值：

$$V = 5 \times 0.715205 + 4 \times 0.201553 + 3 \times 0.064542 + 2 \times 0.011847$$
$$+ 1 \times 0.007009 = 4.6066$$

整体评分值为 4.6066，介于较好与很好之间，说明太舞滑雪小镇扶贫整体效应良好。

6.2.6.3　张家口崇礼区太舞滑雪小镇扶贫效应结果分析

1. 经济发展是衡量当地扶贫效果的重要元素

根据 2013 年和 2019 年各定量指标实际值（见表 6 - 15），可以较为直观地看出，太舞滑雪小镇从建设到运营的 6 年中，对当地的经济、社会、生态、精神等方面产生了较为积极的影响，各方面数值都显著提升。在经济发展中地区生产总值从 2013 年的 38.37 亿元下降到 2019 年的 33.85 元，这很大程度上是由于崇礼区展开产业结构调整，将原有的污染较大的矿业全面关停。2013 年以前，崇礼县矿产税收占全部财政收入的 75%。申奥成功后，崇礼依靠旅游业、冰雪产业升级转型，打造以冬季滑雪和夏季户外为主导的体育休闲产业格局，短期内造成崇礼区经济下滑，但长远来看，集约高效的产业能够在保障当地生态环境的同时，实现区域经济的可持续发展，增加贫困人口经济收入。

2. 精准扶贫战略的实施效果需要进行多维度评估

根据 2013 年和 2019 年太舞滑雪小镇定性指标个人感知度情况可直观地看出，近几年来当地居民对于本地社会、生态、精神等方面的变化，感知度提升明显，平均提高分值约 0.77。在精准扶贫的大背景下，太舞滑雪小镇对当地人均收入的提高、技能培训的增加、医疗和卫生条件的改善产生了积极影响。在实地调查访谈过程中，也感受到区政府在整合扶贫资金、推进扶贫项目、完善基础设施、建设美丽乡村、提升生态环境等方面所做努力，使贫困人口及居民的实际收入、生活环境得到了明显提升。

3. 太舞滑雪小镇扶贫效应隶属度评判

根据最大隶属度方法评判，太舞滑雪小镇扶贫整体效应属于"很好"评判级，其隶属于"很好"的程度为 0.715205。太舞滑雪小镇扶贫效应一级指标经济发展的结果隶属"很好"级评语，隶属度为 0.756263；太舞滑雪小镇扶贫效应一级指标社会进步的结果隶属"很好"级评语，隶属度为 0.703379；太舞滑雪小镇扶贫效应一级指标生态保护的结果隶属"很好"级评语，隶属度为 0.65998；太舞滑雪小镇扶贫效应一级指标精神文明的结果隶属"很好"级评语，隶属度为 0.624379。这说明太舞滑雪小镇的建设和发展对当地经济、社会、生态、精神方面产生了较为积极的影响。太舞滑雪小镇扶贫效应社会进步所产生的效应最强，综合体现在其基础设施的逐步完善，城镇化率逐步提高，小镇管理制度及执行效果良好，社会治安情况以及医疗、卫生设施条件改善，全面改善贫困人口生活、生产环境，为当地经济可持续发展奠定基础。

6.2.6.4 张家口崇礼区太舞滑雪小镇扶贫效应影响因素分析

1. 冬奥会契机

从国际经验来看，成功举办过冬季奥林匹克运动会的地区，都曾对当地经济社会发展产生深远影响，这种经济现象又被称为"奥运经济"。2008 年，北京市体育产业在"奥运经济"的外部作用下，实现增加值 154 亿元，比上年增长 75.8%，实现增加值占 GDP 的比重为 1.39%[1]，达到历史最高水平。2022 年北京冬奥会是我国的重大标志性活动，是京津冀三地协同发展的历史机遇，是冰雪特色小镇蓬勃建设的契机，更是推动贫困地区脱贫致富、缩小收入差距、改善生产生活条件的有效助力。

2. 环境优势

绿水青山就是金山银山，崇礼将自然环境成功转型为经济资源。从国际经验来看，有代表性及影响力的体育小镇，其体育特色均源自天然禀赋：霞

---

① 体育经济——提振国民经济发展的新引擎 [EB/OL]. http：//www.cngold.com.cn/dealer/jy-shp/20190419f12105n5676745224.html，2019 - 04 - 19.

慕尼小镇被誉为高山滑雪麦加圣地;亨利小镇因泰晤士河而广为人知;安纳西小镇因勃朗峰成为了滑翔伞的诞生地。滑雪特色小镇的自然资源是地区发展冰雪及旅游业的基础,资源越丰富,体育产品的竞争力越强。而我国大多数贫困地区都处于城镇化水平较低的乡村,自然风貌保存良好。崇礼县一直是国家级贫困县,其得天独厚的气候和山地资源成为建设滑雪场的有力保障。在崇礼开发的过程中,以自然生态保护为先,充分尊重当地自然人文特点,鼓励差异化建设,个性化运营,多样化发展,打造了独特的小镇名片。滑雪特色小镇建设应以自然生态为基底,以地域文化为支撑,以冰雪产业为支柱,以制度体系为保障,以居民需求为归属,将体育、健康、文化、生态保护有机融合,带动区域生产、生活、生态持续发展,助力扶贫工程。

3. 政策红利

在全面脱贫和推进体育产业大发展的政策背景下,各地区政府全面升级基础设施、完善相关配套设施、加快产业可持续发展、逐步改善城乡面貌、维护绿色生态环境、提升市民主人翁意识,确保 2020 年全面脱贫,为我国举办一届"精彩、非凡、卓越"的冬奥盛会奠定坚实基础。崇礼区的做法主要如下。在基础设施建设方面,重点实施了光伏电站项目、雨露计划项目、村级基础设施项目等扶贫项目,帮助贫困村发展特色产业,完善基础设施。在产业转型方面,第三产业税收占区全部税收比重达到 70.5%,太舞滑雪小镇配套服务设施扩模升级并入围"中国滑雪场十强"。在生态环境方面,自2017 年起,崇礼有关部门通过实施政府购买服务的方式,组织村民购买树苗,进行植树造林工作,由村集体组织成立村民经济合作社,组建村民园林绿化队承担"增绿"任务,村集体造林收益 20% 归集体,用于组织日常开销,80% 用于精准扶贫和社员分红,已累计惠及 5000 多贫困户,既有利于生态环境保护,又促进了贫困人口致富增收。在市民素质方面,对接北京优质教育资源,办学条件得到改善,完成了"农村义务教育改薄"工程与冰雪运动知识进校园 100% 覆盖率;体育公共服务基本覆盖全体市民,全市居民普遍具备健康、科学、文明、时尚的冰雪运动理念,形成了浓厚的冰雪文化氛围。

4. 冰雪产业发展

贫困地区经济发展水平低、产业基础薄弱,制约了体育产业发展的速度。

在现有经济和基础设施建设条件下，如何利用现有资源，独辟蹊径，探索滑雪特色小镇发展的新模式，在带动当地人民脱贫致富的同时，打造冰雪品牌，举办一届让世界满意的冬奥会成为亟待解决的问题。近年来，崇礼以优势资源牵手高端项目，以"小而精"为城市定位，规划了冬季滑雪和夏季户外休闲为主导的体育休闲产业格局，建设了一批有国际影响力的冰雪户外旅游度假目的地，加大冰雪赛事承办力度，积极引进国内外有实力的大企业、大集团参与旅游开发，有效提升了旅游、休闲、体育等产业的发展层次，推动了体育旅游的快速发展，同时激发了崇礼人"想脱贫、能致富"的内生动力，崇礼区依托"冰雪 + 旅游"产业已直接或间接覆盖 2.7 万人就业。

6.3　本章小结

本章所做的工作主要包括如下方面。

第一，分析了体育产业与旅游产业融合的综合效益，即发展体育旅游业所带来的经济效益、社会与文化效益和环境效益。经济方面，可以增加外汇收入，增加目的地经济收入，创造就业机会；社会与文化方面，可以增进人们的身心健康，弘扬民族文化，增进国际交流；环境方面，可以改善基础设施、增加体育休闲设施、使环境卫生问题得到重视。

第二，选择太舞滑雪小镇作为案例，研究其发展运动休闲产业的扶贫效应。首先，使用德尔菲法构建运动休闲特色小镇扶贫效应的评价指标体系；其次，运用层次分析法为运动休闲特色小镇扶贫效应的评价指标赋予权重；再次，运用模糊综合评价法对运动休闲特色小镇扶贫效应评价指标体系的科学性和合理性进行了评价；最后，运用评价指标体系对太舞滑雪小镇的扶贫效应进行评价。运动休闲特色小镇扶贫效应的评价指标共计 26 个。其中，一级指标 4 项，二级指标共 22 项。通过层次分析法得出运动休闲特色小镇扶贫指标体系权重分配。一级指标中经济发展权重系数最高（0.4829），社会进步次之（0.2720），生态保护第三（0.1570），精神文明最低（0.0882）。二级指标中地区生产总值（0.4322）、城镇化率（0.3746）、居民环境保护意识（0.4518）、对新鲜事物的接受程度（0.4224）相对较高。运用模糊综合评价法客观地评价指标体系的合理性，求得运动休闲特色小镇扶贫效应指标体系整体评分值为4.7212，介于较好与很好之间，说明本书研究所得出运动休闲特色小镇扶贫效应指标体系具有合理性和科学性。通过模糊综合评价法客观地评估，得出太舞滑雪小镇扶贫效应整体结果隶属"很好"级评语，隶属度为0.715205，说明太舞滑雪小镇扶贫整体效应良好。

第三，分析影响太舞滑雪小镇扶贫效应的因素：冬奥会契机、环境优势、政策红利、冰雪产业发展。

第7章

体育产业与旅游产业融合的
障碍与协同治理机制

　　全民健身与旅游休闲的发展推动了体育产业与旅游产业的跨界融合。体育旅游集观赏性和体验性于一体，不断释放积极的市场信号。在政府红利、市场需求、技术革新等外部动力，以及企业摆脱资源依赖、获取竞争优势等内部动力的驱动下，我国体育产业与旅游产业通过资源整合、产品复合、项目融合、市场延伸、功能升级、技术渗透等融合模式，产生了体育赛事旅游、体育节会旅游、体育主题公园、运动休闲特色小镇、运动度假综合体、高端运动俱乐部、康养旅游综合区等多种新型业态。

　　根据世界旅游组织（UNWTO）数据，全球体育旅游产业正在以每年14%的速度增长，超过旅游产业4%～5%左右的整体增速①。近年来，由于居民收入增长、生活方式转变、利好政策密集出台等原因，我国的体育旅游产业出现井喷式的增长。根据国家旅游局测算，近两年我国体育旅游产业的年均增长速度为30%～40%，体育旅游领域投资增速甚至高达60%以上，远远超过了同期旅游行业30%左右的投资增速。2018年，我国体育旅游市场规模已达2605亿元②。然而，从全球来看，体育旅游市场在整个旅游市场中的占比差异较大。中国体育旅游市场占比约5%，而发达国家占比约25%。因此，

---

① 体育旅游成新风尚"体育＋旅游"模式引热潮［EB/OL］．https：//www.sohu.com/a/159098896_586366，2017－07－22．

② 预见2019：《2019年中国体育旅游产业全景图谱》［EB/OL］．https：//www.qianzhan.com/analyst/detail/220/190625－81c1de40.html，2019－06－27．

中国体育旅游仍处于起步阶段，尚有巨大的提升空间①。

通过对我国部分城市调研可以发现，虽然体育产业与旅游产业实现了初步的融合，但体育产业中旅游要素不突出，而旅游产业中体育元素的融入也不充分，产业联动不足，产业融合度偏低。究其原因，是由于在体育产业与旅游产业融合的过程中，仍存在着深层次的障碍。而这些障碍的存在，根源上是由于涉及产业融合的各方利益相关者未能有效协同，因此，建立多元主体的协同治理机制，在当前具有十分重要的意义。

7.1 体育产业与旅游产业融合的障碍

7.1.1 体育资源与旅游资源难以实现有效共建共享

传统产业管理体制造成的部门之间的行政壁垒是阻碍体育资源与旅游资源共建共享的主要因素。虽然我国一些城市将体育部门、旅游部门合并为一个大部门，如珠海市文化广电旅游体育局、深圳市文化广电旅游体育局、乐山市旅游和体育发展委员会、银川市体育旅游局、淮北市文化旅游体育委员会，这种做法有利于体育产业与旅游产业的融合，但从全国范围看，合并仅占很小比例，尤其是省会城市和直辖市，鲜有将这两个部门进行合并的。对于没有合并的城市，由于各自管理体制的差异，难免出现各自为政的现象，尤其是需要各产业的监管部门之间相互协作时，常常会出现沟通不畅的情况。即使是在一个产业内部，有时也存在管理体制上的障碍。我国的旅游产业一直都是条块分割的体制，各行业出于各自目标的需要形成了各自的政策和规定，例如，文物景点属于文保部门，风景名胜区属于住房和城乡建设部，纵向上遵循上级部门的管理，横向上又构成了对客服务的不同模块。旅游产业内部有时都难以沟通和协调，与体育产业融合时更是存在障碍。

此外，垄断市场的存在进一步阻碍了体育产业与旅游产业的资源共建共

---

① 前瞻产业研究院. 中国体育旅游现状与市场规模预测 [EB/OL]. http：//www. sohu. com/a/194341932_114835，2017 – 09 – 25.

享。根据市场中企业的数量以及产品的差异化程度，可以将市场分为垄断市场、垄断竞争市场、完全垄断市场和完全竞争市场。当市场存在垄断势力时，外部企业很难进入壁垒较高的垄断市场，影响了不同产业的企业之间资源、产品、人才等要素的流动，使系统的开放性受到了影响，进而影响到产业之间的融合。旅游产业中的很多资源（如景区）都属于垄断性资源，经营这些资源的企业成为垄断性企业，致使体育企业常常难以与旅游企业进行协同和融合，一些需要这些垄断性资源的优质体育旅游产品得不到开发，进而影响了两大产业的融合。

7.1.2 体育旅游制度建设滞后

体育旅游制度建设滞后主要表现在两方面。一方面，体育旅游的标准化建设滞后。标准化是产业规范、有序、快速发展的根本保障之一。体育旅游中很多项目都有一定风险性，必须建立设施安全标准、人员服务标准、风险预警标准、医疗救护标准，以保证这些项目的健康、规范发展。尽管《大力发展体育旅游的指导意见》强调要推进体育旅游标准化建设①，但到目前为止，除上海出台了《关于推进体育旅游标准化建设的若干意见》和《体育旅游休闲基地服务质量要求及等级划分》以外，其他地区均没有出台针对各类体育旅游项目的标准体系，导致部分体育旅游项目盲目建设、无序发展，甚至威胁到旅游者的人身安全。

另一方面，体育旅游监管体系不健全。要维护市场秩序，就必须加强监管，但由于我国体育旅游标准化建设滞后、监管主体权责不清、监管制度不健全等原因，导致我国体育旅游监管存在效率低下、多头监管、监管空白频发、监管有效性缺失等问题。

7.1.3 体育企业和旅游企业能力不足

在利好政策和市场需求的驱动下，各地根据资源特色，打造出了一批体

---

① 2018 中国体育旅游博览会体育旅游精品项目揭晓 [EB/OL]. http：//www. olympic. cn/muse-um/news/xw/2018/1216/195798. html，2018 – 12 – 16.

育旅游品牌。从 2010 年开始，国家体育总局体育文化发展中心依据资源禀赋、专业配套设施与服务、交通状况、适游性、营销推广、文化特色等标准，组织评选全国体育旅游精品项目，包括体育旅游精品路线、体育旅游精品景区、体育旅游精品赛事和体育旅游精品目的地，并从各个类别的精品项目中评选出"十佳"项目，在每年的中国体育文化博览会、中国体育旅游博览会（以下简称"两博会"）上进行公布和重点推介，该活动致力于打造体育旅游精品示范工程，树立区域体育旅游精品项目示范标杆①。然而，调研发现，即使是入选"两博会"体育旅游精品项目的产品，与新西兰、法国、瑞士等国家的体育旅游精品也存在着很大差距②。主要表现为体育观赏型产品无特色、参与型产品低水平重复建设③、缺乏创新等。出现这种情况，一方面是由于我国体育旅游起步较晚，另一方面是由于企业能力不足导致产品得不到有效开发。企业的成长、成熟需要漫长的过程，体育产业和旅游产业都属于新兴产业，相对于传统产业，不过区区几十年的历史，正处于探索阶段的体育企业和旅游企业，核心竞争力较弱，资源整合能力以及对知识的学习、吸收与创新能力整体上都不强。在企业能力不足的情况下，难以开发出真正的体育旅游精品。

7.1.4　体育旅游市场认知度低

　　相比一般的观光、度假旅游产品，体育旅游的市场认知度较低，很大程度上是由于消费者的需求存在障碍，主要包括消费能力、消费习惯和学习能力方面的障碍。产业融合本质上是一种创新，创新性的融合型产品在推向市场时，都面临着消费者是否愿意接受以及是否有能力接受的问题。体育旅游产品相对于一般的观光旅游产品来说，属于层次较高的消费，要求消费者达到一定的收入水平，能够克服传统的消费习惯，善于接受新事物，并具有较强的学习能力。虽然国内市场已经形成一批支付能力强、学习能力强并喜欢

---

① 2018 中国体育旅游博览会体育旅游精品项目揭晓［EB/OL］. http：//www. olympic. cn/museum/news/xw/2018/1216/195798. html, 2018 - 12 - 16.

② 邢丽涛. 旅游 + 体育：不仅要融合，更要求新求深［N］. 中国旅游报, 2018 - 11 - 08（08）.

③ 鲍明晓, 赵承磊, 饶远, 等. 我国体育旅游发展的现状、趋势和对策［J］. 体育科研, 2011（6）：42 - 45.

尝试新事物的消费群体，但是对于整个大众市场来说仍只占有小部分。根据
2016 年同程旅游发布的《中国体育旅游市场认知度及消费趋势在线调查报
告》，仅有 8.4% 的受访者真正参加过体育旅游，高达 46.8% 的受访者表示
"没听说过体育旅游"，44.9% 的受访者表示"没参加过，但有所了解"，此
次调查对象全部为在线旅游用户，这表明即便是对于思想比较敏锐、消费观
念相对前卫的在线旅游用户而言，体育旅游也属于新鲜事物。此外，从认知
程度来看，能够较为全面地理解体育旅游的受访者仅占 41.6%，仅将观看体
育赛事视为体育旅游的受访者占 30% 以上，表明体育旅游的普及任重道远①。
消费习惯的转变和消费者学习能力的培养都难以在短时间内完成，这在一定
程度上影响了体育旅游市场的拓展。

7.1.5　体育旅游人才存在结构性短缺

从调研情况来看，目前我国体育旅游技能人才（如体育导游）供给不足，
中高端的策划、管理人才更是短缺。例如，运动休闲特色小镇的发展需要具
有复合知识背景的管理人才，但却频频出现小镇项目运营方开出百万年薪也
鲜有人应聘的情况。人力资本是企业的核心资本，企业能力的大小很大程度
上取决于人力资本的质量。而产业融合是基于企业成长发展起来的，更是对
人力资本具有很强的依赖性。人才的结构性短缺，成为制约产业融合发展的
瓶颈性因素。

产业融合意味着将来自多领域的复杂资源集成为企业的独特资源，这对
专业化人才的资源整合和利用能力提出了更高的要求。体育旅游人才供给不
足的主要原因之一，是高等院校的人才供给不能满足体育旅游产业发展的需
求。目前，我国高等教育体系体育旅游人才培养途径主要有两种：一是旅游
管理专业下设体育旅游方向，如郑州大学；二是休闲体育或社会体育指导与
管理专业下设体育旅游方向，如海南师范大学、池州学院。由于仅作为一个
研究方向，体育旅游始终处于附属地位，开设的相关课程较少，学生对体育
旅游的了解较为肤浅，难以扎实地掌握体育旅游相关的知识和技能。从对毕

---

① 同程：中国体育旅游市场认知度及消费趋势报告［EB/OL］. http：//www. pinchain. com/arti-
cle/87481，2016 – 08 – 19.

业生的跟踪调查情况来看，这些高校培养的体育旅游人才大部分毕业后都进入了其他行业，究其原因是培养目标不清晰、课程体系设计不科学、教学方法和教学评价方式过于老套、重理论轻实践，最终导致培养的人才难以满足社会需要①。社会上体育旅游相关岗位的从业人员根据专业背景可以分为四类：一是毕业于旅游管理、休闲体育或社会体育指导与管理专业，选修过体育旅游方向课程的人员；二是旅游管理专业出身，没有体育相关专业学习经历的人员；三是体育类专业出身，没有旅游相关专业学习经历的人员；四是体育、旅游以外专业背景的人员。由于体育旅游是体育与旅游产业融合的产物，对专业化人才的资源整合和利用能力提出了更高的要求，要求从业人员应具有体育和旅游的复合型知识和能力，而目前我国这类人才十分稀缺。教育部《关于做好普通高等学校本科学科专业结构调整工作的若干原则意见》指出，大力发展与地方经济建设紧密结合的应用型专业，鼓励高等学校积极探索建立交叉学科专业②。因此，应长三角地区体育旅游实践发展对体育旅游人才的迫切需要，上海体育学院向教育部申请设立体育旅游专业，并于 2019 年获得批准，成为全国首家具有体育旅游专业招生资格的高校。同年，应京津冀地区体育旅游发展实践尤其是 2022 年冬奥会对体育旅游人才的迫切需要，首都体育学院向教育部申请设立体育旅游专业，并于 2020 年 3 月获得批准。上海体育学院从 2019 年起按照体育学类大类招生，学生入校学习一年后选择专业，首都体育学院体育旅游专业 2020 年计划招生 30 人。由于是近两年新设专业，这两所学校目前尚未有体育旅游专业的毕业生。

高等院校人才供给不足，会导致企业大量引进海外人才。而我国引进的海外人才大多集中在金融和科技领域③，鲜有体育、旅游等新兴产业领域的人才。高等院校供给不足以及外来引进人才不足，导致体育产业与旅游产业中、高端人才短缺，尤其是缺少懂项目策划、擅长项目运营的人才，严重阻碍了产业融合的发展。

---

① 单凤霞. 我国与英美等国体育旅游专业人才培养模式的比较 [J]. 体育学刊, 2015 (4)：66 - 70.

② 教育部关于印发《关于做好普通高等学校本科学科专业结构调整工作的若干原则意见》的通知 [EB/OL]. http：//www. moe. gov. cn/s78/A08/gjs_left/moe_1034/201005/t20100527_88506. html, 2001 - 10 - 25.

③ 李彬. 产业融合与人才培养综合化研究 [J]. 中国科技论坛, 2011 (1)：75 - 80.

7.2　体旅融合协同治理的内涵与多元主体识别

7.2.1　体旅融合协同治理的内涵

基于体旅融合和协同治理的内涵，体旅融合协同治理是协同治理理论在体旅融合领域的实践应用，是一种跨部门、跨组织、跨阶层的网络治理格局，是由政府部门、非营利组织、体育企业和旅游企业、高校和研究机构、社会个体共同构成治理主体，协同治理体旅融合问题的一种方式。各主体基于理念共识，治理权利共享，形成彼此独立又共生依存的局面。因此，体旅融合协同治理的概念界定为：基于协同治理体系设计，政府部门、非营利组织、体育企业和旅游企业、高校和研究机构、社会个体在法律规范框架下，通过对话协商、资源共享、责任传递、利益制衡等治理手段来加强主体间协作与互动，化解矛盾和冲突，持续推动体育产业与旅游产业融合，以达成公共利益最大化的一种治理模式。

体旅融合协同治理本质上是多元主体协同治理，即多个主体通过协同的方式达成治理的目标。根据协同治理理论，多元主体协同治理强调主体间协同机制的科学有效性和协同目标达成度。传统的管理是在单维度和相关封闭的组织体系中，由于体制、机制、理念的束缚，难以充分调动不同主体之间的积极性和优势，导致管理效率不高；而多元主体协同治理是基于可持续发展理念，以公共利益最大化为目标，通过制度设计，使权力在多元主体间的合理配置、运行和制约，形成一种网络治理结构。

体旅融合多元主体协同治理可以解决体旅融合理念缺失、体育部门和旅游部门分割管理、体旅融合平台匮乏等问题。其主要特征可以总结为以下五个方面。一是治理主体多元化。政府部门、非营利组织、体育企业和旅游企业、高校和研究机构、社会个体等多元主体协同，是一种多维度的制度格局，突破了传统的单中心统治的框架。二是治理目标共同化。基于公共利益最大化的目标需求，政府主体从公平公正的角度，设计顶层制度来统筹体旅融合体系；体育企业和旅游企业从市场效率的角度，利用资本引导机制来推动体旅融合模式创新与推广；非营利组织从公益的角度，利用志愿机制来填补政府失能及市场失灵；高校和人才培养机构从人力资本的角度，利用创新机制来推动体旅融合产品创新；社会个体从消费需求和社会责任的角度，利用社会参与机制和反馈机制来推动体旅融合产品不断改进。三是治理关系平等化。不同于传统统治框架下管理与被管理的不对等关系，多元主体协同治理强调各主体之间相互协作的对等关系。冲突的协调不再依赖于权力结构，而是主要通过谈判和协商解决，各主体依据所拥有的资源获得相应的权威，从而在谈判和协商时获得对自己有利的结果。四是子系统协同化。体旅融合涉及市场、企业、产品、制度、技术等子系统的融合，需要多元主体围绕这些子系统通力协作、协同推进。五是高度依赖社会资本。协同治理的实现是以各主体之间的信任与合作为基础的，因此，只有在社会资本充分发育的前提下，多元主体之间才能实现良性的互动与合作①。

7.2.2　体旅融合协同治理中的多元主体识别

体旅融合多元主体协同治理的前提是明确多元主体的构成。依据利益相关者理论，对影响体旅融合协同效应的关键主体进行深入分析，充分考量政府部门、体育企业和旅游企业、非营利组织、高校和研究机构、社会个体与体旅融合治理的关系，进而识别出体旅融合治理的多元主体构成，为构建体旅融合协同治理模式奠定基础。

7.2.2.1　政府——统筹领导主体

我国一些学者在引入协同治理理论时注重体制变革的路径，强调西方的权力结构和权力配置模式的优越性。而事实上，由于我国与联邦制国家在体制变革的难度方面存在很大差异。因此，在制度设计时，既需要考虑权力的分散化配置，又需要考虑社会整体治理能力的提高。实践证明，完全由以非营利组织的力量来推进公共事务治理，容易出现理念不足或信念逐渐流失的

---

① 胡琦. 公众参与与社会协同治理的实现［J］. 重庆行政（公共论坛），2015（5）：58-60.

情况，即"志愿失灵"（voluntary failure）的问题①。立足我国国情，以政府来统筹领导协同治理体系，更具有现实意义。首先，政府作为我国体旅融合的重要主体，在协同治理中仍具有不可替代的作用。在协同治理模式下，政府变成体旅融合治理的合作者，然而，为保障治理环境的有序，政府仍需要发挥宏观调控作用，为市场的运行提供稳定的政治和法律环境，这一作用是其他治理主体无法替代的。其次，多元主体协同治理并不意味着各主体之间没有竞争，而是竞争导致协同，协同引导竞争，在各方主体之间出现冲突时，政府仍然是解决冲突的一种特定机制。最后，政府掌握特殊的资源，这种特殊性使得政府往往是协同治理对话平台的提供者，如举办联席会议、举办开放性的论坛等。因此，政府是体旅融合的统筹领导主体，具体可以通过政府成立的体旅融合领导小组、体旅融合专项任务小组、体旅融合协同创新小组等统筹领导。

7.2.2.2 体育企业和旅游企业——行为主体

从体育产业与旅游产业融合的演化过程来看，体旅融合源于体育企业和旅游企业的融合化成长。某些具有创新精神的体育企业和旅游企业突破惯例，经过搜寻锁定了融合化成长模式作为战略转型的目标选择，从而带来了资源利用效率的提高、产品竞争优势的确立以及利润的增加，成为其他体育企业和旅游企业跟随和效仿的对象。当越来越多的企业跟随和效仿，体育产业和旅游产业的结构就会逐渐发生变化，并最终导致产业融合现象的发生。因此，体育企业和旅游企业是体旅融合的行为主体，没有体育企业和旅游企业的融合化成长行为，政府和其他主体无论如何努力，都无法引致真正的产业融合现象发生。同时，根据结构—行为—绩效（SCP）模型，体育企业和旅游企业融合化成长过程中的市场竞争结构、企业行为、市场绩效的相互作用还会影响国家产业政策的制定②。因此，在体旅融合协同治理中，必须充分重视体育企业和旅游企业的主体作用。

---

① 姬兆亮，戴永翔，胡伟. 政府协同治理：中国区域协调发展协同治理的实现路径 [J]. 西北大学学报（哲学社会科学版），2013（2）：122-126.
② 周绍健. 破解旅游产业困境的政策机制及其作用——基于 SCP 范式分析 [J]. 旅游科学，2009（3）：17-22.

7.2.2.3 行业协会——服务主体

在产业融合的演化过程中，非营利组织尤其是行业协会作为第三部门也起着重要的作用。政府在产业融合过程中的主要作用是宏观政策调控和方向指引，而对于企业面临的创新能力不强、转型升级资金不足、技术研发不够等困境，并不能依靠政府的政策文件来解决。政府有限的能力和资源与产业和企业的融合化发展需求之间形成了一种断裂，这在某种程度上影响了产业融合的效果。行业协会可以在一定程度上弥补这种断裂与不足，进而助推企业融合化成长[1]。斯特里克和史密特（Schmitter & Streeck）将行业协会的职能划分为对内和对外两种职能，分别用成员逻辑（logic of membership）和影响逻辑（logic of influence）来表达。前者是指在自愿加入的前提下，行业协会一方面向成员企业提供足够的激励，另一方面从成员企业汲取充分的资源来确保其生存下去。后者是指行业协会通过以某种方式向政府提供足够的激励，建立与政府的关系，进而从这种关系中汲取资源，对政府施加影响，如获得认可、资助、让步等[2]。任何一个行业协会的贡献都是通过成员逻辑与影响逻辑的互动来实现的。多纳和施耐德（Doner & Schneider）将行业协会在产业升级中所起的作用称为"市场补充"功能和"市场优化"功能，相当于"政府失能"和"市场失灵"。前者主要表现为行业协会推动政府为产业发展提供有效的公共行政、保护私有产权、修建公共基础设施、制定政策等；后者主要表现为行业协会可以帮助稳定和改革宏观经济、垂直协调、水平协调、制定行业标准和促进行业质量提升、降低信息成本等[3]。结合体育产业与旅游产业融合的含义，体育类和旅游类行业协会在产业融合中所起的作用主要是规划发展、标准制定、推动创新、市场营销、与政府部门合作、对外交流合作、搭建"桥梁"、网络协调等。因此，行业协会是体育产业与旅游产业融合协同治理的重要服务主体。

---

① 郁建兴，沈永东. 行业协会在产业升级中的作用：文献评论 [J]. 中国行政管理，2011（9）：53－58.

② Schmitter P. C. , Streeck W. The organization of business interests：Studying the associative action of business in adcanced industrial societies [R]. MPIfG Discussion Paper，1999.

③ Doner R. F. , Schneider B. R. Business associations and economic development：Why some associations contribute more than others [J]. Business and Politics，2000（3）：261－288.

7.2.2.4　高校和研究机构——人才培养与智力支持主体

产业融合要持续、高质量发展，必须有源源不断的人才与智力支持，而提供人才培养与智力支持服务，正是高校和研究机构的任务所在。习近平总书记指出，要坚持高等教育"为改革开放和社会主义现代化建设服务"，扎根中国大地办大学，要求高等教育必须服务于中国的经济社会发展。现代高校和研究机构在发展过程中，基本功能也在不断地拓展延伸。一个国家的高等教育整体水平，取决于其高校和研究机构功能发挥的深度与广度。当今中国的高校和研究机构肩负着人才培养、科学研究、社会服务、文化传承创新、国际交流合作等重要使命，这些使命从根本上都围绕着改革开放与社会主义现代化建设的总目标[1]。在体育产业与旅游产业融合协同治理的过程中，高校及研究机构的作用主要体现在两个方面。一方面是人才培养。体旅融合对体育和旅游复合型应用人才及高级管理、策划、运营人才的需求增加，高校及研究机构是培养这些人才的最主要主体。适度超前的人力资本培养与供给能够缩短体育企业和旅游企业融合化成长"由弱到强"的生命周期。另一方面是智力支持。体育旅游作为新兴产业，其培育需要创新系统提供智力支持。在创新系统中，知识是源发内核，技术是能够带来经济效益的知识聚变。而高校和研究机构是知识创造的主体，企业是技术创新的主体。高校和研究机构与企业的供需关系构成了"知识—技术"的流动机制。学术知识创新能更好地促进体育企业和旅游企业开发新产品、开拓新市场、培育新业态[2]，从而促进体育产业与旅游产业融合现象的发生。当然，高校和科研机构也从体旅融合协同治理中获益，在企业融合化成长孕育、生长和成熟的演化过程中，高校和科研机构对于社会的人才需要和知识创新需求更为明晰，可以据此动态调整发展战略，提高发展质量。综上，高校和研究机构是体旅融合协同治理的人才培养与智力支持主体。

7.2.2.5　社会个体——参与与反馈主体

《中共中央关于坚持和完善中国特色社会主义制度、推进国家治理体系和

---

① 宣勇. 高等教育的中国特色与道路自信［N］. 中国教育报, 2018 - 12 - 06 (08).
② 赵哲. 大学与战略性新兴产业协同发展的内涵释义、互动关系与动力机制［J］. 高校教育管理, 2020 (3): 9 - 18.

治理能力现代化若干重大问题的决定》指出，必须加强和创新社会治理，完善党委领导、政府负责、民主协商、社会协同、公众参与、法治保障、科技支撑的社会治理体系，建设人人有责、人人尽责、人人享有的社会治理共同体。社会治理需要公众参与，经济治理也同样需要公众参与。第一，由社会个体所形成的体育旅游消费市场是体育产业与旅游产业融合的最根本的动力，社会个体的参与可以让政府、体育企业和旅游企业、体育类和旅游类行业协会、高校和研究机构更加了解他们的需求，从而开发出更加适销对路的体育旅游产品。第二，社会个体的参与能够对政府形成一种监督机制，防止其滥用公共权力，推进服务型政府建设，从而促使政府更加有效地保障社会主体所需资源、空间和权利[①]。第三，公众参与有利于培育民众的公共参与热情和志愿精神，能够增加治理网络的"黏性"，从而增加社会资本，为协同治理奠定社会基础。第四，推动体育产业与旅游产业融合是为了更好地满足人民对美好生活的向往，社会个体是体旅融合的最终受益者，因此，他们会就产品消费过程中发现的问题通过协同治理平台及时反馈，以便企业不断改进和完善产品。特别是，社会个体人数众多，覆盖社会各个层面，其中不乏各行业、各领域的专家学者，他们对于体旅融合的发展可能会提出独特的见解，这些见解有利于完善协同治理中各个主体的治理行为，提高协同治理效果。因此，社会个体是体旅融合协同治理的参与和反馈主体。

7.3 体旅融合多元主体协同治理的过程

本部分使用本书第 2 章构建的协同治理的综合模型，如图 2 - 1 所示，从外部环境、初始条件、协同引擎、协同行为、协同结果输出等方面，对体育产业与旅游产业融合的协同治理过程进行分析。

7.3.1 外部环境

外部环境是指政治、经济、社会、技术等因素。政治环境方面，《中共中

---

① 胡琦. 公众参与与社会协同治理的实现 [J]. 重庆行政（公共论坛），2015（5）：58 – 60.

央关于坚持和完善中国特色社会主义制度、推进国家治理体系和治理能力现代化若干重大问题的决定》指出，要着力推进国家治理体系和治理能力现代化建设。经济治理是国家治理体系的一部分，而产业融合协同治理是经济治理的一部分，因此，推动体旅融合协同治理也是推进国家治理体系和治理能力现代化建设，我国关于推进国家治理体系和治理能力现代化建设的要求和措施为推动体旅融合协同治理提供了坚实的政治基础。经济环境方面，进入21世纪以后，工业化、现代化的发展使得世界经济呈现出全球化发展的特征，导致世界宏观经济结构和国家微观产业结构得以改变，体育企业和旅游企业的发展战略也逐渐发生变化，开始由内部协同向外部协同发展，寻求与政府、行业协会、高校和研究机构、其他企业的合作，更加重视社会个体的需求，这种战略转型奠定了体旅融合协同治理的初步框架。社会环境方面，我国正在着力推进社会治理现代化，建设"人人有责、人人尽责、人人享有"的社会治理共同体，这为体旅融合协同治理提供了借鉴和参考，尤其是2020年上半年我国取得抗击新冠肺炎疫情的初步胜利，凸显了社会治理的效果，积累了宝贵经验，这些经验经过移植、创新也可用于我国社会治理、经济治理的各个方面，包括体旅融合协同治理。技术环境方面，互联网技术为多元主体的协同治理搭建了交流、合作的平台，降低了协同治理的信息获取和沟通成本，减少了信息不对称，使多元主体之间的互动、协作更为便捷。综上，我国体旅融合协同治理的外部环境十分有利。

7.3.2 初始条件

7.3.2.1 资源、知识不对称

资源是指各主体方所拥有的或可以支配和使用的各种要素。这些要素通过协同行为的整合和重新配置，可以为协同共同体和各主体带来利益。在体旅融合治理的多元主体中，政府不仅掌握着土地、能源、交通等各种物质资源，而且掌握着政策、制度、法规等无形的政治资源；体育企业和旅游企业拥有影响产业融合发展方向和速度的技术资源和组织资源；行业协会有着机制灵活、熟悉行业、汇集人才的优势，在协调政府与企业、企业与企业的关系方面具有不可替代的作用；高校和研究机构具有显著的人力资源和知识资

源优势；社会个体是体育旅游的消费者，他们拥有经济资源、时间资源和知识资源①。各主体之间的资源、知识具有不对称性，促使他们产生通过协同治理获取外部资源、知识的动力。

7.3.2.2　动机激励

现代管理理论认为，动机激励才是激励的根本点和切入点，激励一个人最为有效的方法是激励他做事情的动机②。虽然有些时候外部环境和资源不对称可以促成各方的协同，但多数情况下，各参与方自身的协同动机才是协同治理能否得以实现的激励因素。从政府角度看，由于受到人力、财力、能力等方面的限制，政府难以独立地解决很多复杂的问题，从而需要行业协会、企业、高校和研究机构、社会个体共同协作解决问题。从行业协会的角度看，它们参与协同治理的动机主要来自提高社会认同度、获取外部资源，尤其是取得政府的资金支持③。从体育企业和旅游企业的角度，它们参与协同治理的动机主要来自获得政策支持、贷款、税收优惠、市场推广、商誉等方面的利益。从高校和研究机构的角度看，他们参与协同治理的动机主要是获取研究资料与数据、拓展科研转化渠道、获得研究资金支持、提高人才培养质量、拓宽学生就业渠道、提高影响力等。社会个体在参与过程中通过一定的途径反映自身的利益要求，能够获得被尊重感；此外，有才能的人在参与协同治理的过程中，有创造力的想法和观点得到认可，就有机会脱颖而出。各方的动机构成了他们参与协同创新的最重要的激励因素，也是促成协同治理得以实现的决定因素。

7.3.2.3　合作基础

在以往推进体育产业与旅游产业融合发展的活动中，已经初步显现了多元主体协作的雏形。例如，第四届文化体育旅游融合发展·大敦煌论坛文化体育旅游融合发展大会由行知探索体验研究院主办，敦煌研究院、瓜州县人

---

① 符国群. 消费者行为学（第 3 版）[M]. 北京：高等教育出版社，2015.
② 牛耐娣. 管理中动机激励机制的探讨 [J]. 当代经济，2015（33）：74 – 75.
③ 田培杰. 协同治理：理论研究框架与分析模型 [D]. 上海：上海交通大学，2013.

民政府、北京体育大学体育休闲与旅游学院联合主办①；天津第三届体育旅游大会由天津市体育局、天津市旅游局、天津市滨海新区人民政府、天津东疆保税港区管委会、天津港（集团）有限公司共同主办，由天津体育发展有限公司、天津市水上运动协会、天津港文化传媒有限公司、天津天海风水上休闲运动俱乐部联合承办②。2019年中国体育文化博览会由国家体育总局、中国奥委会主办；中国体育旅游博览会由中华全国体育总会、中国奥委会、中国旅游协会主办。此两博览会均由广州市人民政府、国家体育总局体育文化发展中心、国际数据集团、爱奇体育有限公司（IDG Sports）承办③。这种雏形为体旅融合中多元主体协同治理奠定了良好的基础。

7.3.3　协同引擎

7.3.3.1　领导能力

实践证明，在促进协同治理产生和实施协同治理的过程中，一个强有力的领导者往往起着至关重要的作用。在协同治理产生之前，领导力主要体现为敢于承担协同治理的成本以及可能产生的不确定性，在实施协同治理的过程中，领导力体现为不断推动协同治理的进程。这一领导者应具备高超的协调技巧和协调能力，在建立信任关系、促进对话、设置和维护基本规则、探讨共同收益方面起关键作用。在我国现阶段，政府依然是有效治理的关键因素，适合作为协同治理的领导者。因为在各方的利益存在冲突时，政府最有可能相对中立，并最容易取得各方主体的信任④。

7.3.3.2　思想共识

思想共识指的是各参与方在主观意识层面达成共识。只有达成思想共识，

---

① 第四届文化体育旅游融合发展·大敦煌论坛文化体育旅游融合发展大会举行［EB/OL］. http://jq. gansudaily. com. cn/system/2019/05/05/017181045. shtml, 2019 – 05 – 05.

② 陈思彤. 中国·天津第三届体育旅游大会扬帆再启航［N］. 中国体育报, 2018 – 06 – 18（03）.

③ 2019中国体育两博会11月在广州举行［EB/OL］. http：//www. comnews. cn/article/local/201906/20190600007815. shtml, 2019 – 06 – 18.

④ 徐嫣, 宋世明. 协同治理理论在中国的具体适用研究［J］. 天津社会科学, 2016（2）：74 – 78.

体旅融合协同治理才会有序开展。思想共识主要由共同理念和共同目标两个因子构成。树立"资源共享、协同发展、合作共赢"的共同理念是体旅融合协同治理开展的重要前提，也是应该贯穿协同治理始终的准则。此外，一个得到各方主体共同认可的目标是协同治理得以顺利进行的重要保障。然而，在一开始就达成清晰的目标是比较困难的，往往是刚开始有一个或者多个模糊的目标，各方主体在不断试错后才将目标逐渐明确下来。因此，不能急于求成，要设定一个目标"酝酿"期。

7.3.3.3　有效参与

体旅融合协同治理并非仅仅把各方主体纳入进来即可，而是要确保各方能够有效参与协同治理之中，使其能够有序地深入决策的制定和执行过程中，而不是给政府提供咨询。有效参与以平等协商为基础，而平等协商意味各方主体的身份是平等的，在遵循一定的程序、规范的前提下，他们可以自由交流，倾听、思考、响应其他主体的观点，并理性地辩论与说服。在此基础上，整合各方主体的优势，实现最优化配置，最终实现促进体育产业与旅游产业融合的目的。有效参与的最大障碍是政府对统治模式的路径依赖，政府必须放弃统治型决策的权力，并主动授权其他主体对决策施加重要影响，从而保证参与各方拥有足够的话语权，实质性地参与协同治理的过程。

7.3.3.4　协同能力

协同能力是指协同各方胜任所应承担的职责的能力。这种能力主要来自两方面：一方面是有效利用各参与方资源的能力，另一方面是学习能力。稀缺资源的共享、使用是协同治理的一个重要优势，协同各方都有自己相对独特的资源，然而，能否使这些资源在协同治理中尽可能发挥更大的作用，体现着参与方能力的差异。另外，参与协同治理的过程也是各主体学习的过程，这个过程对协同各方都大有裨益。学习的成果体现为已有知识转移和新知识产生。学习能力的提高能够保证各方更加有效地参与协同治理，因此，对于协同能力的提高而言，学习的作用至关重要。提高体旅融合各方主体协同能力，其主要途径是激发各方高效利用资源和提高学习能力。

7.3.4　协同行为

7.3.4.1　面对面的协商

面对面的协商是体旅融合协同行为的起点。沟通是协作的前提，没有充分的沟通，就很难有效协作。面对面的对话和协商是一种较为有效的沟通方式。在对话和协商中，各方只有足够守信、坦诚，才能最大限度地降低协同过程中猜疑、冲突现象发生的概率。

7.3.4.2　信任与承诺关系的构建

建立信任与承诺关系是协同的根本要求。建立信任与承诺关系主要包括建立相互依存的共同认知、共享所有权的程序、探索共同利益的开放性①。构建信任和承诺关系可以通过两种方式：一种是渐进式；另一种是突变式。渐进式是指在协同初期花费较多的时间和精力去构建相互信任，如通过某个具体任务的顺利完成，使各方主体在协作的过程中建立信任和承诺关系。突变式是指通过联席会议、公开承诺等建立信任和承诺关系。相比而言，前者成本高但信任和承诺关系更加稳固。

7.3.4.3　制度设计

制度设计是协同治理最重要的环节。制度主义认为，一个组织为了获取必要的资源以维持生存和发展，必须建立由组织结构、流程和战略等构成的制度环境，从而使其自身行动具有合法性②。作为协作的基本规则，科学的制度设计可以确保协作过程的程序合法性。体旅融合协同治理的制度设计主要

---

① Ansell C. , Gash A. Collaborative governance in theory and practice [J]. Journal of Public Administration Research and Theory, 2007（18）：543 –571.

② Suchman M. Managing legitimacy：Strategic and institutional approaches [J]. Academy of Management Review 1995, 20（3）：571 –610.

涉及角色调整、规则制定、组织结构、权力平衡四个方面①。角色调整方面，不同于传统的垂直型管理方式，协同治理是水平式的管理方式，需要各主体在观念和行为上做出调整。其中，政府的角色由指挥者和控制者变为协作者和贡献者，这一转变最为困难但也最为重要。由于政府具有资金、土地等方面的先天优势，因此，其仍需要为协同治理做出最大的贡献。政府的作用体现在：设定行为的下限、发起制定目标、行为标准以及目标实现路径的联席会议，帮助各主体提高协同能力。规则制定是指各主体在协商的前提下确定清晰的职责边界、合理的激励与约束机制、有效的争端解决机制，合理分配成本与收益。组织结构是指为了实现共同的目标，在组织理论指导下设计形成的组织内部各个部门、各个层次之间的排列方式，即组织内部的构成方式。常见的组织结构有直线制、职能制、事业部制、模拟分权制、矩阵制。其中，模拟分权制是指围绕某项专门任务成立跨职能部门的专门机构，例如，从不同的主体中抽调人员组成一个专门的小组去研制我国运动休闲特色小镇的分类评定标准。这种组织结构的人员是因需变动的，任务完成后就解散，被抽调的人员返回原单位。这种组织结构适用于规模较大的组织②。因此，体旅融合协同治理采用模拟分权制的组织结构较为适宜。权力平衡是指通过制度设计使资源或权力方面处于劣势的主体的话语权得到保障，避免决策过程被资源或权力处于优势地位的主体所控制。总之，制度设计要以参与的包容性、规则的明晰性和流程的透明性为原则。

7.3.4.4 相互协作与取得中期成果

体旅融合治理的各个主体进入正式的协同治理过程，并取得阶段性成功，即取得协同治理的中期成果，这一过程巩固了各主体之间的信任和承诺关系，发现了制度设计中存在的问题并及时加以修正，这是协同行为中一个循环的终点，也是下一个循环的起点，如此往复，进入良性循环状态。需要说明的是，体旅融合的协同治理过程并不是一个完全线性的、平衡的过程，期间往往会有一些偶然性的、不确定性的问题出现，需要各主体协商解决，这正是协同治理动态性的体现。

---

① 田培杰. 协同治理：理论研究框架与分析模型 [D]. 上海：上海交通大学，2013.

② ［美］理查德·L. 达夫特. 组织理论与设计（第12版）[M]. 王凤彬等译. 大连：东北财经大学出版社，2002.

7.3.5　协同结果

协同结果是指在实施协同治理一个阶段（一个周期或者一个任务的完成，如一年或者使运动休闲特色小镇进入高质量发展通道）后协同治理体系的存在状态，主要表现为对各主体的客观影响以及对各主体的激励与问责两个方面。

7.3.5.1　对各主体的客观影响

体旅融合协同治理是一个各主体真诚对话、互惠与互相学习的过程，在一个阶段之后，协同各方在思想和能力层面都发生了一些变化。思想方面，一是协同各方对于自己和其他主体的利益关系有了更为客观的认识。通过协同治理，各方认识到各主体之间的利益是息息相关的，只有达到了全局利益，自身的利益才能得到保障。这种认识可以促进下一阶段协同治理中问题的有效解决。二是协同各方在如何界定问题、如何看待问题方面趋于一致，提高了协同系统的智能程度，从而极大地提高了内部沟通和解决问题的效率。能力方面，一是提高了各主体的协同能力，主要表现为协作能力、团队建设能力、项目管理能力、与其他主体进行互动和沟通的技巧、对外部环境变化做出快速反应的能力、风险分析能力等。一些个人在协同中所表现出来的卓越能力或奉献精神，可以被视为实现了个人的价值。二是形成了各方主体协同创新解决问题的流程和方法，这成为协同治理体宝贵的组织资产。这些能力和资产能够帮助各主体更好地应对下一阶段的协同治理事务。

7.3.5.2　激励与问责

随着协同治理逐渐在全球流行开来，激励和问责已成为公共管理领域最经常提到的问题[①]。激励和问责解决不好，将直接影响各方主体参与协同治理

---

① Brinton M. H. Symposium on the hollow state: Capacity, control, and performance in inter-organizational Settings [J]. Journal of Public Administration Research and Theory, 1996, 6 (2): 193 – 195.

的积极性，导致协同治理各过程的延迟、扩大各主体之间的裂痕。与传统的上级对下级的激励与问责不同，协同治理的构架更趋于水平设置，不存在唯一的权威，收益和责任由各方共同承担。这使激励和问责在一定程度上陷入了困境。解决这一问题主要有两种途径：一是可以通过联席会议的方式，协商谁应该得到多少激励，谁应该在哪些方面被问责；二是可以邀请独立的第三方进行评价，根据评价结果进行激励与问责。

协同治理的有效推进也能进一步推进我国的治理体系和治理能力现代化，推动经济全球化的发展，推进社会治理，推动互联网技术进一步发展，即有效的协同治理也会对外部环境产生积极影响，从而进一步推动协同治理模式的推广和可持续发展。

7.4　体旅融合多元主体协同治理的推进机制

推进体旅融合的协同治理，目标是构建"理念共识、资源共用、责任共担、利益共享"的局面，因此，需要建立理念认同机制、资源共享机制、责任分担机制、利益协商机制，使协同各方形成一个"利益共同体"。

7.4.1　深化理念认同机制

理念是指思想认识或观念看法，具有认知、引领、激励与文化价值，是一种行动指南，多元主体之间对体旅融合协同治理形成一致的理念，能够产生强大的动能，推动体旅融合协同治理的发展。深化多元主体的理念认同机制，首先应提高体旅融合协同治理的理念认识。体育是人类进步和社会发展的重要标志，旅游是传播文明、增进友谊、交流文化的重要渠道。体育旅游，是人们追求美好生活的重要途径。推进体育产业与旅游产业融合，是满足人们对美好生活向往的生动实践，有助于促进全民健身和全民健康、推动体育旅游产业高质量发展，是推动健康中国建设、落实体育强国建设纲要、带动区域经济发展、决胜全面小康、促进乡村振兴的重大举措[①]。而协同治理是推

---

① 李建明. 体育旅游是人们追求美好生活的重要方式 [N]. 贵州日报，2019 – 11 – 04 (14).

进体育产业与旅游产业融合的有效途径。其次要强化多元主体的行为联动。积极参与体旅融合协同治理，体现了对体旅融合协同治理理念的认同，同时也是理念认同机制的实现途径。理念认同机制的运行，关键在于保障多元主体参与协同治理的权利和途径，使其成为积极的行动者，在体旅融合协同治理系统之中尽其所能。党的十八届三中全会提出，推进国家治理体系和治理能力现代化，党的十九届四中全会将推进国家治理体系和治理能力现代化上升到更高的位置，为多元主体参与协同治理提供了政策保障，彰显了其存在感、责任感，强化了其主体意识。

7.4.2 优化资源共享机制

分散于体旅融合协同治理各主体的资源是推进协同治理的保障条件，有效整合信息、知识、人才等资源，能够引发资源的聚变效应，提高资源的利用效率，促进体旅融合协同治理有序发展。

在信息资源共享方面，体育与旅游业务融合的微观层面需要对消费者市场容量、市场结构、消费者心理、消费欲望、消费动机、消费观念、消费行为等进行综合分析与研判。根据收集的多种信息，判断消费者的消费特征和发展趋势，开发适销对路的体育旅游产品。这就要求建立消费者信息协同收集制度，多渠道、定期收集信息，保证信息的连续性与时效性，并将信息及时在共享网络平台上更新，为体育企业和旅游企业进行产品研发与创新提供基本的信息支撑。在知识资源共享方面，协同各方都拥有体旅融合的独特知识，这些知识经过汇聚、碰撞，可以转化为灵感和创意，为体育企业和旅游企业进行产品研发与创新提供智力支撑。在人才资源共享方面，专业化的人才是体旅融合协同治理的推动者和实施者，在体育旅游专业人才供给不足的情况下，需要促进协同各方人才进行技能合作和业务衔接。构建规划与开发、策划与设计、运营与管理、导游与技术指导等不同层次的人才资源库与沟通平台，加强横、纵向沟通。

7.4.3 明确责任分担机制

责任分担是多元主体协同治理的有效制度安排。针对政府单一管理模式所引起的能力缺失与资源不足，构建以责任分担为基础的协同治理体系十分必要。该体系以提供体旅融合产品为导向，政府机构充分发挥统筹领导作用，体育企业和旅游企业充分发挥市场引导和产品供给作用，行业协会充分发挥"桥梁"作用，高校和研究机构充分发挥人才培养和智力支持作用，社会个体充分发挥反馈和建议作用，通过密切合作的伙伴关系，创设以多元主体责任分担为基础的协同治理体系。

政府通过法律、法规、政策、政令等工具，确定不同主体的权利及责任，建立合作秩序，引导、约束和激励各级政府、体育企业和旅游企业、行业组织、高校和研究机构以及社会个体等，统筹推进体旅融合协同治理。市场在资源配置中起决定性作用，而体育企业和旅游企业作为市场主体，具有引导市场和丰富产品供给的责任。体育企业和旅游企业通过市场竞争与协同，能够优化体育、旅游资源配置，提高产品供给的效率。体育类、旅游类行业协会通过强化"桥梁"作用，能够在很大程度上解决政府失能及市场失灵的问题。高校和研究机构是人才培养和知识创新的"主阵地"，通过强化责任意识，能够更加主动地关注社会需求，从而更精准地培养人才，提供研究和咨询服务。通过强化社会个体的反馈与建议责任，能够推动社会个体成为负责任的旅游者，积极为体育产业与旅游产业的发展建言献策。

7.4.4　完善利益协商机制

由于外部环境的不可控性和体旅融合协同治理各方主体信息不对称，协同治理过程中始终存在管理风险、道德风险和信用风险等。风险一旦发生，就会给某些主体的利益造成损害，如果处置不当将会引起纠纷，影响协同治理的持续开展。利益是体旅融合多元主体协同治理的出发点和归宿点。因此，必须构建完善的利益协商机制[①]。利益协商机制是指针对利益分歧纠纷所建立的制度性的再平衡机制。制定利益分歧纠纷解决的原则和规则，建立由体旅融合协同治理各方主体代表参与的协商委员会，通过座谈、协商、谈判等形式，加强合作与谅解，积极沟通，协调协同治理过程中出现的利益分歧纠纷，

---

① 周开国，卢允之，杨海生. 融资约束、创新能力与企业协同创新 [J]. 经济研究，2017 (7)：94 – 108.

从组织制度上保障利益的合理分配。对于通过协商无法解决的问题，引入权威性强的第三方机构，确实赋予第三方机构协商仲裁权力，使其站在公正、客观的立场解决利益纠纷问题。为了尽可能降低利益纠纷风险发生概率，还可建立第三方监督机构，监督协同治理过程，进行全过程跟进评估并及时纠偏，不断化解利益纠纷风险隐患，确保协同治理各方主体依法依规行事，保障各方主体的共同利益[①]。然而，利益协商机制并不意味着所有阶段各主体的利益都是完全均衡的。长期来看，应追求单一主体的利益和协同治理体系的整体利益的一致性，但在短期的评价视域下，则可能意味着某一主体的利益受到损害。基于以上考虑，各方主体首先要坚持正确的利益均衡观，在体旅融合协同治理的框架范畴内，以可持续发展的理念认识自身利益和整体利益的关系。在实践层面上，要考虑各主体合理的利益诉求，对于某一主体利益的损失，应给予相应的补偿。要逐步构建起以体旅融合多元主体协同治理为导向的利益共享平台，使各方主体的利益形成有效联动与动态平衡，真正从体旅融合协同治理实践中公平、持续地受益。

7.5　本章小结

本章所做的主要工作包括如下方面。

第一，分析了我国体育产业与旅游产业融合的现状与存在的问题。虽然体育产业与旅游产业实现了初步的融合，但体育产业中旅游要素不突出，而旅游产业中体育元素的融入也不充分，产业联动不足，产业融合度偏低。

第二，探析了影响体育产业与旅游产业融合的障碍因素，包括体育资源与旅游资源难以实现有效共建共享、体育旅游制度建设滞后、体育企业和旅游企业能力不足、体育旅游市场认知度低、体育旅游人才供给不足等。

第三，界定了体旅融合协同治理的内涵，即体旅融合协同治理是基于协同治理体系设计，政府部门、非营利组织、体育企业和旅游企业、高校和研究机构、社会个体在法律规范框架下，通过对话协商、资源共享、责任传递、利益制衡等治理手段来加强主体间协作与互动，化解矛盾和冲突，持续推动

---

① 丁祺，张子豪. 产学研协同创新模式与利益机制构建 [J]. 中国高校科技，2018 (7)：38 – 30.

体育产业与旅游产业融合，以达成公共利益最大化的一种治理模式。其特征包括：治理主体多元化、治理目标共同化、治理关系平等化、子系统协同化、高度依赖社会资本。

第四，识别了体旅融合协同治理的多元主体，包括政府部门、体育企业和旅游企业、行业协会、高校和研究机构、社会个体。为构建体旅融合协同治理模式奠定基础。

第五，从外部环境、初始条件、协同引擎、协同行为、协同结果输出等方面，构建了体旅融合多元主体协同治理的过程。外部环境是指政治、经济、社会、技术等因素，通过分析可知，目前我国体旅融合协同治理的外部环境十分有利。初始条件包括资源、知识不对称，动机激励，合作基础。协同引擎包括领导能力、思想共识、有效参与、协同能力。协同行为包括面对面的协商、信任与承诺关系的构建、制度设计、相互协作与取得中期成果。协同结果主要体现为对各主体的客观影响、激励与问责。

第六，构建了体旅融合多元主体协同治理的推进机制，包括深化理念认同机制、优化资源共享机制、明确责任分担机制、完善利益协商机制。

第 8 章

研 究 结 论 与 政 策 建 议

本章首先对前述的研究内容和研究结论进行总结，在此基础上，提出推动我国体育产业与旅游产业高质量融合发展的政策建议。最后，指出本书的创新点与研究局限。

8.1 主要结论

通过 PEST 分析可以发现，我国体育产业与旅游产业融合的总体环境向好，然而，体育产业与旅游产业融合现状不尽如人意。究其原因，是由于在体育产业与旅游产业融合的过程中，仍存在着深层次的障碍。那么，相关行为主体应该依靠什么样的制度安排来提升产业融合的效果？这成为课题要解决的主要问题。为此，本书在现有研究成果的基础上，综合运用演化经济理论和协同治理理论，使用规范研究与实证研究相结合、定性研究与定量研究相结合的方法，以动态、演化的观点，将企业视为重要主体，对体育产业与旅游产业融合的动力机制、演化路径、业态模式、融合效益、融合的障碍及协同治理机制进行较为系统的研究，旨在为提高体育产业与旅游产业融合的效果提供参考。通过研究，得出如下结论。

8.1.1　体育产业与旅游产业融合是内、外部因素共同作用的结果

　　体育产业与旅游产业的融合是体育企业和旅游企业在外部动力和内部动力所构成的动力机制作用下形成的。外部动力包括旺盛的市场需求带来的牵引力、政策支持带来的引导力、市场竞合带来的推动力、技术创新带来的催化力和全域旅游带来的助推力。内部动力包括由产业的强关联性带来的耦合力、企业对减少环境依赖的追求带来的自主力、企业获取竞争优势的追求带来的内生力、企业对经济效益的追求带来的原生力和产业升级带来的引发力。

8.1.2　应当正确认识体育产业与旅游产业融合的主体与客体

　　我国体育产业与旅游产业融合的活动大部分是由政府主导、推动的，从而造成了政府是体旅融合行为主体的假象。事实上，体育产业与旅游产业融合的主体是直接实施或促进体育产业与旅游产业融合发生的行为的承担者。体育产业与旅游产业融合最初是由体育企业和旅游企业的创新行为引起的，同时还受到政府部门、非营利组织、高校和研究机构、社会公众等的影响。其中，体育企业和旅游企业是产业融合的行为主体，因为作为产业融合最终成果的新产品和新业态是由体育企业和旅游企业培育出来的。然而，并不是所有的体育企业和旅游企业都是产业融合的主体，只有那些从事融合型产品生产与服务的体育企业和旅游企业，才是产业融合的真正主体。正确识别体育产业与旅游产业融合的主体，对于制定有效的产业融合发展战略和相关政策具有十分重要的意义。

　　体育产业与旅游产业融合的客体是指体育企业和旅游企业在产业融合中直接作用的对象或标的物，即体育旅游融合型产品，是兼具体育产品和旅游产品特征的新产品，分为实物型产品与服务型产品。

8.1.3 体旅融合的过程是由微观层面到宏观层面逐步演化的过程

在体旅融合的演化过程中，惯例与遗传机制、搜寻与变异机制、市场竞争与选择机制起到了关键性的作用。体育企业和旅游企业融合的萌芽阶段即"惯例—利润不满意—搜寻新惯例"的发展过程，体育企业和旅游企业融合的扩散与发展阶段即"路径创造—选择—形成新惯例"的发展过程。体育企业和旅游企业通过渗透、延伸、融合等模式，在市场、企业、产品、制度、技术等方面融合，部分企业成为"标杆"企业，被跟随和模仿，企业融合向产业融合传导，融合型发展成为产业发展趋势，产业结构得以优化，最终导致产业融合现象的发生。以上过程构成了体育产业与旅游产业融合的完整路径。

8.1.4 体育产业与旅游产业融合后的业态主要表现为七种模式

体育产业与旅游产业融合后的业态模式是指两大产业融合后不同类型产品的功能布局形式。通过调研，将体育产业与旅游产业融合后的业态归纳为七种模式：体育赛事旅游、体育节会旅游、体育主题公园、运动休闲特色小镇、运动度假综合体、高端运动俱乐部、康养旅游综合区。体育赛事旅游是指到异地去参加或观看体育比赛而产生的旅游活动，其核心吸引物包括体育赛事、体育赛事设施、体育赛事文化和体育赛事配套活动；体育节会旅游是指政府或其他组织为了扩大影响、推动当地经济发展而举办的以体育节庆或体育会展为主题的旅游活动，分为体育节庆旅游和体育会展旅游；体育主题公园是指以体育文化为主题，向人们提供科学、安全、专业的体育运动设施，并满足人们旅游赏景、休闲放松需求的城市公园；运动休闲特色小镇是指以体育活动项目为核心，打造体育旅游活动项目的产业集群和产业生态链的主题生活区；运动度假综合体是以运动为主要元素，集体育活动、旅游度假、休息娱乐、商务会议、健康食宿于一体的综合型休闲度假区；高端运动俱乐部是一种专门提供体育服务的实体，有单项（如网球俱乐部）和综合（如军事体育俱乐部）两种；康养旅游综合区是指通过养颜健体、营养膳食、修心养性、关爱环境等各种手段，使人们在身体、心智和精神上都达到自然和谐的优良状态的旅游区。

8.1.5　体育产业与旅游产业融合具有显著的综合效益

体育产业与旅游产业融合的综合效益如下。经济方面，可以增加外汇收入、增加目的地的经济收入、创造就业机会；社会与文化方面，可以增进人们身心健康、增进国际交流、弘扬民族文化；环境方面，可以改善基础设施、增加体育休闲设施、使环境卫生问题得到重视。

选择太舞滑雪小镇作为案例，研究其发展运动休闲产业的扶贫效应。首先，使用德尔菲法构建运动休闲特色小镇扶贫效应的评价指标体系；其次，运用层次分析法为运动休闲特色小镇扶贫效应的评价指标赋予权重；再次，运用模糊综合评价法对运动休闲特色小镇扶贫效应评价指标体系的科学性和合理性进行评价；最后，运用评价指标体系对太舞滑雪小镇的扶贫效应进行评价，得出运动休闲特色小镇扶贫效应指标体系整体评分值为 4.7212，介于较好与很好之间。说明本书所构建的运动休闲特色小镇扶贫效应指标体系具有合理性和科学性。通过运用模糊综合评价法进行客观评估，得出太舞滑雪小镇扶贫效应整体结果隶属"很好"级评语，隶属度为 0.715205，说明太舞滑雪小镇扶贫整体效应良好。

8.1.6　我国体育产业与旅游产业融合中仍存在诸多障碍

虽然我国体育产业与旅游产业实现了初步的融合，但体育产业中旅游要素不突出，而旅游产业中体育元素的融入也不充分，产业联动不足、产业融合度偏低。究其原因，是由于在体育产业与旅游产业融合过程中，仍存在着深层次的障碍，包括体育资源与旅游资源难以实现有效共建共享、体育旅游制度建设滞后、体育企业和旅游企业能力不足、体育旅游市场认知度低、体育旅游人才供给不足等。

8.1.7 构建协同治理机制是提高体旅融合效果的有效制度安排

体旅融合协同治理是基于协同治理体系设计，政府部门、非营利组织、体育企业和旅游企业、社会公众在法律规范框架下，通过对话协商、资源共享、责任传递、利益制衡等治理手段来加强主体间协作与互动，化解矛盾和冲突，持续推动体育产业与旅游产业融合，以达成公共利益最大化的一种治理模式。其特征包括治理主体多元化、治理目标共同化、治理关系平等化、子系统协同化、高度依赖社会资本。体旅融合多元主体协同治理的过程包含外部环境、初始条件、协同引擎、协同行为、协同结果输出等方面。外部环境是指政治、经济、社会、技术等因素，通过分析可知，目前我国体旅融合协同治理的外部环境十分有利。初始条件包括资源、知识不对称，动机激励、合作基础。协同引擎包括领导能力、思想共识、有效参与、协同能力。协同行为包括面对面的协商、信任与承诺关系的构建、制度设计、相互协作与取得中期成果。协同结果主要体现为对各主体的客观影响、激励与问责。深化理念认同机制、优化资源共享机制、明确责任分担机制、完善利益协商机制，有助于推进体旅融合协同治理顺利开展。

8.2 政策建议

党的十九大和中央经济工作会议作出了"中国特色社会主义进入了新时代，我国经济发展也进入了新时代"的重大论断，指出新时代我国经济发展的基本特征，就是我国经济已由高速增长阶段转向高质量发展阶段。高质量发展，意味着高质量的供给、高质量的需求、高质量的配置、高质量的投入产出、高质量的收入分配和高质量的经济循环[①]。2018 年中央经济工作会议明确将"巩固、增强、提升、畅通"作为当前和今后一个时期深化供给侧结

---

① 李伟. 高质量发展有六大内涵［N］. 人民日报（海外版），2018 - 01 - 22（03）.

构性改革和推动经济高质量发展的总要求①。对于体育产业与旅游产业的融合，"巩固、增强、提升、畅通"就是指巩固产业融合的成果，增强微观主体活力，提升治理水平，破除融合障碍，畅通融合路径。结合本书的研究结论，提出以下政策建议。

8.2.1　强化企业的主体地位，培育企业核心能力

企业是市场的主体、产业发展的根基，采取融合型发展战略的体育企业和旅游企业是体旅融合发展的"排头兵"。要逐步改变体旅融合中"政府搭台、政府唱戏"的尴尬局面，充分发挥市场的主导作用，尊重企业的主体地位。深化"放管服"改革，政府要从追求产业融合量的增长转变为追求产业融合质的提高，从主要依靠增加政府财政投入和支持推动产业融合转变为主要依靠企业核心竞争力的提高以及产业结构的优化加速产业融合实现。鼓励各类市场主体通过资源整合、收购兼并、改革重组、线上线下融合等投资体育旅游业。培育有竞争力的体育旅游骨干企业和大型体育旅游集团，促进规模化、网络化和品牌化经营。创造条件推动企业上市，打通资本市场通道，为体育旅游产业发展提供融资保障。对中型体育旅游企业进行政策扶持，使其在业务结构、人力资源和发展环境等方面实现优化，引导其向规模化、专业化、特色化、创新化、精品化的方向发展。

此外，要充分重视小微型企业在体旅融合中的作用。从全国来看，小微企业在体育旅游市场主体中的数量占据多数，在解决就业、促进经济增长、推动创新创业等方面作用显著。应进一步创新和落实小微企业扶持政策，健全和完善小微企业的支持体系。首先，打造小微体育旅游企业孵化平台，强化对小微企业的分类指导，使其突出品质和特色，以"小而精、小而优、小而特、小而新"为方向，增强自我发展能力。其次，建设体育旅游创客示范基地，吸引更多体育、旅游、文化、科技、艺术领域的知名人士建立工作室，推动创意资本向体育旅游业流动，提升体育旅游文化内涵，丰富体育旅游活动内容。再次，开展体育旅游"双创"行动，对接"创青春"全国大学生创

业大赛平台，增加创业担保贷款，鼓励高校毕业生创办体育旅游小微企业。在新冠肺炎疫情之下，中小微体育旅游企业受到了极大的冲击。应加大减税降费力度，推动降低企业生产经营成本，强化金融支持，助力中小微体育旅游企业纾困发展。通过努力，最终形成"以大型企业集团为龙头、中小企业活力充沛、创新型小微企业不断涌现"的良好局面。

8.2.2　推进体制机制创新，推动多部门协同

推动体旅融合多元主体协同治理，首要的是推进体制机制创新，加强部门之间的协同，打破条块分割与市场垄断，使体育资源与旅游资源能够充分共享。

第一，应创新体育部门与旅游部门的协同参与机制。建立体育部门与旅游部门的紧密工作机制，加强对体育旅游工作的领导，建立健全旅游联席会议，协调和制定关于推进体育旅游发展的相关政策，争取相关项目资金支持、研究部署重大活动和工作措施。各级体育部门和旅游部门要建立相应的工作机制，加强发展统筹协调和部门联动，切实承担起体育旅游规划与产业促进、体育旅游监督管理与综合执法、体育旅游营销推广与形象提升、体育旅游公共服务与资金管理、体育旅游数据统计与综合考核等职责，共同探索适合体育产业与旅游产业融合发展的市场空间、工作路径和实际举措。

第二，推进相关部门整合。很多国家的政府都对已有的管理机构进行调整，将权力集中在一个机构，形成融合型机构，如韩国文化体育观光部、俄罗斯体育旅游和青年部、泰王国旅游与体育部等，这些国家都将体育部门与旅游部门组建为一个大部门，在同一部门指导下开展产业融合，便于协调，提高融合效率。我国目前只有少部分市县将体育与旅游管理部门合并，进一步可在更大范围内，尤其是省会城市和直辖市推进两大管理部门合并，建立大部门监管机构。

第三，做好与体旅融合协同治理不相符制度的"废、改、立"工作。基于体旅融合工作的需要，清理过时的制度条款，修订、完善与体旅融合工作矛盾的部分，补充促进体育产业与旅游产业协同治理的相关内容。在"废、改、立"过程中，要充分发挥体旅融合政府主体的统筹作用，消除制度互不衔接、相互分离的现象。

8.2.3　加强规划和监督，促进规范化发展

规范化是推动体育产业与旅游产业可持续融合发展的保障。

第一，加强规划。将体育旅游发展作为重要内容纳入经济社会发展规划和城乡建设、土地利用、基础设施建设、生态环境保护等相关规划中，由各地政府通过招投标选定高水平专业机构编制体育旅游发展规划。充分挖掘各地的自然资源和人文资源特色，对体育产业与旅游产业融合发展的目标、定位、发展战略、空间布局、项目与产品创意设计、保障体系进行总体规划，包括远期规划、中期规划和近期行动计划，形成层次分明、相互衔接、规范有效的规划体系。此外，制定实施方案与细则，建立规划评估与实施督导机制，提升体育旅游规划实施效果。

第二，加快推进体育旅游的标准化建设。加快各类体育旅游业态的标准制定工作，完善相关服务质量认证制度，如体育赛事旅游的标准和服务质量认证制度、体育节会旅游的标准和服务质量认证制度、体育主题公园的标准和服务质量认证制度、运动休闲特色小镇的标准和服务质量认证制度，尤其是要明确体育旅游项目的设施安全标准、人员服务标准、风险预警标准、医疗救护标准等，以标准化提升服务品质。在制定标准的过程中，要确保新标准与体育产业、旅游产业原有相关标准融合，避免出现新老标准冲突的情况。

第三，建立健全体育旅游监管制度。建立权责明确、执法有力、行为规范、保障有效的体育旅游市场综合监管体系，严格执行标准，加强体育旅游综合执法。建立健全体育部门、旅游部门与相关部门联合执法机制，形成工作合力，加强对体育旅游项目的市场监督和安全管理。组织开展体育旅游执法人员培训，提高体育旅游执法专业化和人性化水平。

第四，充分发挥体育、旅游行业协会的作用，完善体育旅游监管服务平台，健全旅游诚信体系，共同推进体育旅游产业的持续健康发展。

8.2.4　重视人才培养与引进，推动体育旅游可持续发展

第一，加强体育旅游学历教育。目前我国只有上海体育学院和首都体育学

院开设了体育旅游专业，远远不能满足社会需求。支持有条件的体育院校和旅游院校设置体育旅游专业，根据所在区域的特色和社会需求，精准定制培养方案，加快培养体育旅游专业技术人才、服务技能人才、规划策划人才和经营管理人才。尚不具备开设体育旅游专业的院校，可以在休闲体育专业、社会体育指导与管理专业、旅游管理专业中增设体育旅游方向或增加相应专业课程。鼓励高职院校和中职院校发展体育旅游职业教育，加速培养体育旅游专业技术人才，如体育导游、户外领队、教练等。从以下三个方面加强院校与企业的合作。一是聘请体育旅游企业高管担任院校的实践导师。这些高管熟悉行业规则，具有丰富的企业运营经验，可以弥补高校专职教师实践经验不足的劣势。二是共享企业的场地和器材。一些特殊场地和器材仅靠教育投入很难配备齐全，如滑冰滑雪馆、拓展基地、露营基地等，可以通过与企业合作，解决学校场地和器材不足的问题。三是共建实习实训基地。一方面可以作为学生实践的平台，另一方面可以为企业提供选人、用人的机会。此外，学校和企业可以在专业建设、课题研究等多个方面展开合作，以培养真正满足社会需求的体育旅游人才。

第二，加强体育旅游从业人员培训，不断提高其专业技能和服务水平。鼓励高等院校和职业学院牵头，实施体育旅游培训计划，对从业人员分层次进行继续教育。尤其是对服务技能人才，应通过培训规范服务礼仪与服务流程，增强其服务意识与服务能力，塑造规范专业、热情主动的体育旅游服务形象，提高其服务水平。建立体育旅游实践基地，鼓励在职人员挂职实习。此外，设置体育导游职业资格，培养一批既具备一般导游的知识和技能，又熟悉体育项目及规则的体育导游。对于一般的导游职业资格培训，也要将体育旅游的内容纳入其中。

第三，制定针对体育旅游的人才政策，通过多种渠道引进体育旅游策划、规划、运营、管理和营销专业人才，尤其是海外高层次人才，使其起到引领和带动作用，尽快建立起适应我国体育与旅游产业融合需要的人才队伍。

8.2.5 重视体育旅游在乡村振兴中的价值

从第6章的研究结果来看，发展运动休闲产业推动了所在区域的产业发展、生态环境保护、精神文明建设、社会治理效果提高和人们收入增加，从一定程度上反映了发展体育旅游对于乡村地区实现"产业兴旺、生态宜居、乡风文明、治理有效、生活富裕"的目标具有重要的价值。因此，应充分重视体育旅游在乡村地区的积极作用。我国大部分贫困地区都在乡村，因而体育旅游在脱贫攻坚、全面决战小康以及推动区域协同发展中也具有重要作用。受疫情影响，人的外出需求被严重压抑，疫情过后，必然会形成一种反弹，户外需求、自然需求、运动需求将会激增，而乡村体育旅游恰恰能够满足这些需求，且乡村体育旅游目的地多处于城郊，出游路程较短，人均消费较低，相较于国内游、出境游，乡村体育旅游将会是率先启动的旅游市场之一。鉴于以上原因，应积极推动乡村地区发展体育旅游。

第一，加大政策扶持力度，从财政、税收、土地等环节营造有利于乡村体育旅游发展的环境。一是要统筹县、乡两级财政创建乡村振兴资金扶持标准，倾斜相关资金投入乡村体育旅游。二是鼓励社会资本和融资机构与村集体共同进行体育旅游资源开发。三是盘活乡村土地经营权流转，充分发挥农村土地资源潜力。四是实行税收优惠政策。

第二，加强乡村基础设施和公共服务设施建设。增加建成路网密度，促进道路、能源、给排水、电网、医疗、绿化、垃圾分类处理等设施完善升级，实施乡村绿化、美化、亮化工程；鼓励各地在体育旅游资源丰富的乡村建设游客集散中心、环保生态公厕、停车场、特色标识牌等公共服务设施建设。将体育旅游与乡村居民休闲结合起来，建设健身活动中心、休闲绿道、登山步道、自行车道等体育旅游公共设施，并结合本地的体育旅游资源特色，建设滑雪场、航空营地、房车营地等特色健身休闲设施。

第三，聘请专业机构对乡村体育旅游进行科学规划。在尊重村民发展意愿的前提下，挖掘乡村的体育旅游资源特色，强化乡土风情、乡居风貌和文化传承，因地制宜，发展山地运动、水上运动、冰雪运动、汽车摩托车运动、航空运动、自行车运动、马拉松运动、体育康养等，形成"一村一特、一村一品、一村一业"的美丽乡村建设新格局。

第四，充分挖掘本地资源，激活乡村发展潜力。利用优惠政策吸引懂经营、善管理的本地及返乡能人投身体育旅游，促进企业主导乡村旅游经营，以吸纳就业、带动创业的方式带动农民增收致富。

8.2.6　加强体育旅游行业协会建设

在体旅融合协同治理体系中，体育行业协会、旅游行业协会在沟通政府与各主体的关系上起到了桥梁和纽带作用。但是由于信息不对称问题的存在，体育行业协会和旅游行业协会在协同治理体系中的作用难以充分发挥，因此，有必要加强协会之间的融合，鼓励各地成立体育旅游行业协会。《关于大力发展体育旅游的指导意见》明确指出"加强体育旅游行业协会建设，搭建政府与企业沟通渠道"。2019 年 3 月 19 日，中国旅游协会文化体育旅游分会成立，分会下设"文化体育旅游发展智库"和"文化体育旅游规划标准研究中心"，通过开展大众体育和文化旅游活动，引导红色文化旅游、乡村旅游、体育赛事旅游等业态融合发展，研究和制定行业规划标准。同时，按照中国旅游协会年度工作要求，打造一项行业品牌活动、一份权威行业报告以及一批行业规范，努力把分会打造成专业的文化、体育、旅游行业发展服务平台。2019 年 5 月 22 日，三亚体育旅游行业协会正式成立，共有会员单位 40 余家。该协会将整合三亚体育旅游资源，找准行业特点和痛点后，利用三亚得天独厚的地理位置和气候资源优势，建设"体育旅游"品牌，创新"体育旅游"产品，整合"体育旅游"资源，推进"体育旅游"标准，提高"体育旅游"品质，并将重点做好水文章，把体育当中的健康和快乐融入旅游，把各类受欢迎的水上项目开发成老少皆宜的大众旅游项目。2019 年 5 月 29 日，常州市体育旅游促进协会成立，协会的职责包括：协调、整合、挖掘旅游区体育资源、体育文化元素，推动体育、旅游深度融合；充分利用旅游区体育场地、设施，开展赛事活动；加强"体育 + 旅游"相关研究，谋划体育旅游融合长远发展；开展交流，引进外地体育赛事和吸引外地体育团队和人员。应进一步鼓励更多的地区成立体育旅游行业协会，并促进体育旅游行业协会发展壮大。

8.2.7　加大宣传力度，培育消费主体

首先，开展多主体、多层次、多维度、多手段的宣传推广。在协同治理框架内，建立政府、行业、媒体、公众等共同参与的整体营销机制，积极推动"区域联动、部门联合、企业联手"的体育旅游营销战略，整合利用各类宣传营销资源和渠道，建立推广联盟等合作平台，形成上下结合、横向联动的体育旅游营销格局。深入挖掘地区特色，塑造特色鲜明的体育旅游目的地形象，传播、社会广泛、高度认可的体育旅游目的地品牌，并建立多层次的

品牌体系。做好体育赛事旅游、体育节会旅游、体育主题公园、运动休闲特色小镇、运动度假综合体、高端运动俱乐部、康养旅游综合区等产品的旅游宣传推介，提升体育旅游整体吸引力和影响力。鼓励各地围绕入选"两博会"的体育旅游精品景区、体育旅游精品线路、体育旅游精品赛事、体育旅游精品目的地，特别是体育旅游"十佳"精品景区、线路、赛事和目的地，做好整体形象策划和包装推介，不断创新体育旅游产品宣传形式。综合运用高层营销、内部营销、网络营销、公众营销、互动营销、节庆营销、事件营销等多种方式，借助大数据分析工具，充分利用微信、微博、微电影、手机报、App 客户端、直播、短视频、小程序等新兴媒体，提高体育旅游宣传营销的时尚感、亲切感与精准度。通过广泛、多样、生动的宣传推广，营造更有利于体育旅游发展的舆论氛围。

其次，对消费者进行引导和教育，培育消费主体。从消费理念、产品知识、生活方式等角度对体育旅游融合型产品进行基础性的宣传，利用创造性思维、创新科技和体验营销手段，向消费者传递全新的价值主张，对消费者进行引导和教育，加强消费者对体育旅游的认知，吸引他们参与体育旅游活动。此外，可以通过发放体育旅游消费券的方式，吸引更多的消费者体验体育旅游。新冠肺炎疫情暴发之后，健康理念更加深入人心，体育旅游未来会成为更多人的生活方式。在疫情得到有效控制的当下，发放体育旅游消费券，把被抑制、被冻结的合理消费潜力释放出来，不失为培育体育旅游新兴消费群体的有效手段之一。

8.3　主要创新点

8.3.1　系统研究了体育产业与旅游产业融合的全过程

立足于我国体育产业与旅游产业融合的实践，着眼于产业融合的全过程，以融合的发生为起点，以融合的效益为终点，构建体育产业与旅游产业融合的理论体系，丰富了新兴市场经济国家产业融合理论的研究。

8.3.2 运用演化经济学理论，构建了体育产业与旅游产业融合的完整路径

始终将体育企业和旅游企业作为产业融合的核心主体，运用演化经济学理论，构建了体育产业与旅游产业融合的完整路径。认为体育产业与旅游产业融合的过程是由企业融合的微观层面向产业融合的宏观层面逐步演化的过程。在演化过程中，惯例与遗传机制、搜寻与变异机制、市场竞争与选择机制起到了关键性的作用。体育企业和旅游企业通过渗透、延伸、融合等模式，在市场、企业、产品、制度、技术等方面融合，部分企业成为"标杆"企业，被跟随和模仿，融合型发展成为产业发展趋势，产业结构得以优化，最终导致产业融合现象的发生。

8.3.3 将协同治理理论引入产业融合的研究

将协同治理理论引入产业融合的研究中，构建了体育产业与旅游产业融合的协同治理机制，为我国在经济领域推进国家治理体系和治理能力现代化提供了思路。

8.3.4 定量评价了体育产业与旅游产业融合的综合效益

综合运用德尔菲法、层次分析法、模糊综合评价法构建了运动休闲特色小镇扶贫效应的评价指标体系，并对特定案例的扶贫效应开展了评价，将对体育旅游价值的认识由感性认识阶段上升为可量化评价阶段。

8.4 研究局限与进一步的研究方向

8.4.1 对体育产业与旅游产业融合度开展定量评价

囿于数据获取的困难性，本书中只是根据调研结果感性地判断体育产业

与旅游产业的融合度偏低，并没有进行定量的测度与评价。进一步的研究可尝试使用德尔菲法、层次分析法、模糊综合评价法或赫芬达尔—赫希曼指数法或熵指数法，对体育产业与旅游产业的融合进行测度与评价。

8.4.2　对疫情之下体育产业与旅游产业融合的趋势进行研究

囿于疫情暴发之后开展调研的困难性，本书构建的体旅融合路径与协同治理机制是基于疫情暴发之前调研结果和数据资料形成的。疫情发生之后，体育产业和旅游产业都经历了大洗牌，体育产业与旅游产业融合"危"中有"机"，如何化解危机，抓住机会创新发展，可作为进一步的一个研究方向。

附录　太舞滑雪小镇扶贫效应问卷调查

尊敬的女士/先生：

您好！

我们是国家社科基金项目《我国体育与旅游产业融合发展的路径与协同治理机制研究》课题组成员，现在正在进行一项关于太舞滑雪小镇扶贫效应研究。本项研究纯属学术性研究，问卷采用匿名方式，并且对您所提供的信息绝对保密。您的意见将会对本研究提供有益的帮助，请您根据实际情况如实填写问卷。谢谢您的支持与配合！

填写方法：请在符合您的选项前的框里□打√或填写，补充____内容。

第一部分　您的基本情况

1. 您是太舞滑雪小镇的：

□（A）工作人员　□（B）当地居民

2. 您的性别：

□（A）男　□（B）女

3. 您的年龄：

□（A）18～30岁　□（B）31～40岁　□（C）41～50岁　□（D）51～60岁　□（E）61岁及其以上

4. 您的学历：

□（A）研究生及以上　□（B）大学（含大专）　□（C）高中或中专□（D）初中　□（E）小学及以下

5. 您的月收入水平：

□（A）3000 元及以下　□（B）3001～5000 元　□（C）5001～8000
元　□（D）8001～10000 元　□（E）10001 元及以上

第二部分　个人感知打分

本部分是请您对太舞滑雪小镇从建设到运营后村里发生变化进行评价，回答无对错之分，请根据您的实际感受打分。

1. 您认为太舞滑雪小镇管理制度及执行效果如何？
□（A）非常好　□（B）较好　□（C）一般　□（D）较差
□（E）很差

2. 请您对比一下，2013 年太舞滑雪小镇建设之初到目前为止（2019年），小镇社会治安环境变化。

年份	非常好	较好	一般	较差	很差
2013					
2019					

3. 请您对比一下，2013 年太舞滑雪小镇建设之初到目前为止（2019年），小镇医疗、卫生设施条件变化？

年份	非常好	较好	一般	较差	很差
2013					
2019					

4. 请您对比一下，2013 年太舞滑雪小镇建设之初到目前为止（2019年），小镇居民环境保护意识如何？

年份	非常好	较好	一般	较差	很差
2013					
2019					

5. 请您对比一下，2013 年太舞滑雪小镇建设之初到目前为止（2019

年），小镇内居民参与旅游的积极性的变化。

年份	非常好	较好	一般	较差	很差
2013					
2019					

6. 请您对比一下，2013 年太舞滑雪小镇建设之初到目前为止（2019年），小镇内居民对新鲜事物的接受程度的变化。

年份	非常好	较好	一般	较差	很差
2013					
2019					

7. 请您对比一下，2013 年太舞滑雪小镇建设之初到目前为止（2019年），小镇内居民参与体育活动积极性的变化。

年份	非常好	较好	一般	较差	很差
2013					
2019					

8. 请您对比一下，2013 年太舞滑雪小镇建设之初到目前为止（2019年），小镇内居民从业人员服务态度与服务水平的变化。

年份	非常好	较好	一般	较差	很差
2013					
2019					

再次诚挚地对您表示谢意！祝您生活愉快！

参 考 文 献

［1］［美］安索夫. 新公司战略［M］. 曹德骏，范映红，袁松阳，译. 成都：西南财经大学出版社，2009.

［2］包希哲，蔡增亮，胡永芳."一带一路"视域下民族传统体育与旅游品牌的共商共建共享机制研究［J］. 贵州民族研究，2019（5）：173 – 176.

［3］鲍明晓. 我国体育市场投资前景分析［J］. 天津体育学院学报，2000（2）：1 – 5.

［4］鲍明晓，赵承磊，饶远，等. 我国体育旅游发展的现状、趋势和对策［J］. 体育科研，2011（6）：42 – 45.

［5］北京奥林匹克中心区10年累计接待中外游客超5亿人次［EB/OL］. https：//www. sohu. com/a/253805932_161623，2018 – 09 – 14.

［6］北京奥运后中国成为全球游客向往的旅游目的地［EB/OL］. http：//www. china. com. cn/news/txt/2008 – 09/12/content_16437345. htm，2008 – 09 – 12.

［7］曹晓东. 城市儿童体育主题公园建设的研究［J］. 体育与科学，2010（2）：37 – 40，44.

［8］陈国权，马萌. 组织学习——现状与展望［J］. 中国管理科学，2005（1）：67 – 74.

［9］陈劲，王换祥. 演化经济学［M］. 北京：清华大学出版社，2008.

［10］陈柳钦. 产业融合的发展动因、演进方式及其效应［J］. 郑州航空工业管理学院学报，2017（4）：14 – 19.

［11］陈思彤. 中国·天津第三届体育旅游大会扬帆再启航［N］. 中国体育报，2018 – 06 – 18（03）.

［12］陈炜. 民族地区传统体育文化与旅游产业融合发展的驱动机制研究［J］. 广西社会科学，2015（8）：194 – 198.

［13］崇礼区政府办. 河北崇礼以筹办冬奥会引领经济社会发展［EB/OL］. http：//www. zjkcl. gov. cn/govaffair/content. jsp？code = 735609511/2018 –

44170，2018 - 11 - 19.

[14] 初琪. 2018 马拉松年度报告公布，数据喜人行业仍需规范 [EB/OL]. https：//baijiahao. baidu. com/s？id = 1627697454857290765&wfr = spider&for = pc，2019 - 03 - 11.

[15] 从"吃住行"到"运健学"，"旅游 + 体育"模式成度假新宠 [EB/OL]. https：//www. sohu. com/a/199014454_277994，2017 - 10 - 19.

[16] 崔晓燕. 弘扬道家文化，发展康养旅游：青城山镇旅游产业调查报告 [J]. 旅游纵览，2016 (4)：144 - 145.

[17] 单凤霞. 我国与英美等国体育旅游专业人才培养模式的比较 [J]. 体育学刊，2015 (4)：66 - 70.

[18] 第四届文化体育旅游融合发展·大敦煌论坛文化体育旅游融合发展大会举行 [EB/OL]. http：//jq. gansudaily. com. cn/system/2019/05/05/017181045. shtml，2019 - 05 - 05.

[19] 丁祺，张子豪. 产学研协同创新模式与利益机制构建 [J]. 中国高校科技，2018 (7)：38 - 30.

[20] 杜颖，孙葆丽. 冬奥会举办地可持续发展研究——以温哥华惠斯勒度假区为例 [J]. 体育文化导刊，2018 (2)：23 - 28.

[21] 方堃. 城乡统筹的县域农村公共服务模式与路径探究——从"国家单方供给"到"社会协同治理"的逻辑变迁 [J]. 天津行政学院学报，2009 (3)：38 - 44.

[22] 费芩芳. 新经济时代旅游产业融合机制及效应研究 [D]. 杭州：浙江工商大学，2017.

[23] 冯欣欣，林勇虎. 基于体育产业与旅游产业融合模式及其实现机制 [J]. 体育文化导刊，2017 (9)：108 - 112.

[24] 冯振伟. 体医融合的多元主体协同治理研究 [D]. 济南：山东大学，2019.

[25] 符国群. 消费者行为学（第 3 版）[M]. 北京：高等教育出版社，2015.

[26] 付媛杰，王辉. 体育旅游产业助力脱贫攻坚战 [N]. 中国体育报，2017 - 07 - 12 (04).

[27] 顾正东. 体育旅游与健身协同关系的研究 [J]. 才智，2002 (20)：194.

［28］关于修订《三次产业划分规定（2012）》的通知［EB/OL］. http：//www. stats. gov. cn/tjsj/tjbz/201804/t20180402_1591379. html，2018 - 03 - 27.

［29］国家旅游局. 2016 年 1 号《国家康养旅游示范基地》行业标准［EB/OL］. http：//www. cmw-gov. cn/news. view - 651 - 1. html，2016 - 03 - 11.

［30］国家旅游局人事劳动教育司. 旅游学概论［M］. 北京：中国旅游出版社，2001.

［31］国家体育总局. 促进体旅互动融合助力经济转型升级［EB/OL］. http：//www. sport. gov. cn/n316/n343/n1193/c724369/content. html，2016 - 05 - 15.

［32］国家体育总局. 解读《体育产业统计分类（2019）》［EB/OL］. http：//www. sport. gov. cn/n316/n340/c902402/content. html，2019 - 04 - 11.

［33］国家卫健委：中国人均健康预期寿命仅为 68.7 岁［EB/OL］. http：//news. china. com. cn/2019 - 11/02/content_75365750. htm，2019 - 11 - 02.

［34］［德］H. 哈肯. 协同学和信息：当前情况和未来展望［M］. 昆明：云南大学出版社，1994.

［35］韩国保宁泥浆节开幕，游客上演泥浆大战［EB/OL］. http：//world. people. com. cn/n1/2019/0720/c1002 - 31246246. html，2019 - 07 - 20.

［36］何水. 从政府危机管理走向危机协同治理——兼论中国危机治理范式革新［J］. 江南社会学院学报，2008（2）：23 - 26.

［37］［德］赫尔曼·哈肯. 高等协同学［M］. 郭治安，译. 北京：科学出版社，1989.

［38］胡汉辉，邢华. 产业融合理论以及对我国发展信息产业的启示［J］. 中国工业经济，2003（2）：23 - 29.

［39］胡金星. 产业融合的内在机制研究［D］. 上海：复旦大学，2007.

［40］胡金星. 企业多元化战略与产业融合［J］. 中国科技产业，2007（7）：94 - 96.

［41］胡金星. 浅析产业融合产生的前提条件［J］. 中国科技产业，2008（4）：81 - 82.

［42］胡琦. 公众参与与社会协同治理的实现［J］. 重庆行政（公共论坛），2015（5）：58 - 60.

［43］胡永佳. 产业融合的经济学分析［M］. 北京：中国经济出版社，2008.

［44］户外运动产业案例分析［EB/OL］. https：//www. sohu. com/a/

312226760_505583，2019 - 04 - 26.

[45] 黄国武. 构建抗击新冠肺炎协同治理机制的建议 [EB/OL]. http：// pms. nwu. edu. cn/index. php/home/index/article/mid/6454/id/252894. html，2020 - 02 - 12.

[46] 姬兆亮，戴永翔，胡伟. 政府协同治理：中国区域协调发展协同治理的实现路径 [J]. 西北大学学报（哲学社会科学版），2013（2）：122 - 126.

[47] "健康 +" 打造康养旅游新格局 [EB/OL]. https：//www. quanyulv. com/index. php? m = content&c = index&a = show&catid = 34&id = 653，2019 - 08 - 21.

[48] 江广金. 谈体育产业与旅游产业的对接与融合 [J]. 商业时代，2013（34）：129 - 130.

[49] 姜晓丽，周东海，杨丽丽. 体育旅游产业发展促进经济的作用分析 [J]. 财经问题研究，2014（11）：171 - 173.

[50] 教育部关于印发《关于做好普通高等学校本科学科专业结构调整工作的若干原则意见》的通知 [EB/OL]. http：//www. moe. gov. cn/s78/A08/gjs_left/moe_1034/201005/t20100527_88506. html，2001 - 10 - 25.

[51] 金媛媛，李骁天，李凯娜. 基于企业成长视角下的体育产业、文化产业与旅游产业融合机制的研究 [J]. 首都体育学院学报，2016（6）：488 - 492.

[52] 康保苓. 产业融合背景下旅游与体育的互动研究 [J]. 旅游论坛，2011（3）：45 - 48.

[53] 客流量翻倍增长北京冬奥会前将达百万，太舞滑雪小镇能否成为体育小镇样板？[EB/OL]. https：//m. sohu. com/a/213568514_138481，2017 - 12 - 29.

[54] 孔繁斌. 公共性的再生产：多中心治理的合作机制研究 [M]. 南京：江苏人民出版社，2012.

[55] [瑞士] 库尔特·多普菲. 演化经济学：纲领与范围 [M]. 贾根良，等译. 北京：高等教育出版社，2004.

[56] 雷波. 我国体育产业与旅游产业互动融合模式分析 [J]. 北京体育大学学报，2012（9）：40 - 44.

[57] 李彬. 产业融合与人才培养综合化研究 [J]. 中国科技论坛，2011（1）：75 - 80.

[58] 李锋. 文化产业与旅游产业的融合与创新发展研究 [M]. 北京：

中国环境出版社，2014.

[59] 李汉卿．协同治理理论探析 [J]．理论月刊，2014 (1)：138 – 142.

[60] 李辉，任晓春．善治视野下的协同治理研究 [J]．科学与管理，2010 (6)：55 – 58.

[61] 李建明．体育旅游是人们追求美好生活的重要方式 [N]．贵州日报，2019 – 11 – 04 (14).

[62] 李美云．论服务业的跨产业渗透与融合 [J]．外国经济与管理，2006 (10)：25 – 42.

[63] 李天元．旅游学概论（第七版） [M]．天津：南开大学出版社，2014.

[64] 李伟．高质量发展有六大内涵 [N]．人民日报（海外版），2018 – 01 – 22 (03).

[65] [美] 理查德·L. 达夫特．组织理论与设计（第 12 版） [M]．王凤彬，等译．大连：东北财经大学出版社，2002.

[66] 厉无畏．产业融合与产业创新 [J]．上海管理科学，2002 (4)：4 – 6.

[67] 厉无畏，王慧敏．国际产业发展的三大趋势分析 [J]．上海社会科学院学术季刊，2002 (2)：53 – 60.

[68] 梁伟军，易法海．农业与生物产业技术融合发展的实证研究——基于上市公司的授予专利分析 [J]．生态经济，2009 (11)：145 – 148.

[69] 梁晓龙．对当前我国体育产业发展若干问题的思考 [J]．体育文化导刊，2005 (1)：3 – 7.

[70] 刘恒祥．旅游产业融合机制与融合度研究 [M]．北京：中国科学技术大学出版社，2019.

[71] 刘华荣，刘良辉．全民健身时代户外运动俱乐部的发展思考 [J]．体育与科学，2013 (1)：99 – 103.

[72] 刘晓明．产业融合视域下我国体育旅游产业的发展研究 [J]．经济地理，2014 (5)：187 – 192.

[73] 刘晓．协同治理：市场经济条件下我国政府治理范式的有效选择 [J]．中共杭州市委党校学报，2007 (5)：64 – 70.

[74] 刘阳．演化经济学研究综述 [J]．学术交流，2010 (10)：142 – 147.

[75] 卢青，颜秉峰，靳宇豪．山东省体育文化资源与特色旅游融合创新研究 [J]．山东体育学院学报，2018 (3)：65 – 69.

［76］陆世宏．协同治理与和谐社会的构建［J］．广西民族大学学报（哲学社会科学版），2006（6）：109－113．

［77］鹿斌，周定财．国内协同治理问题研究述评与展望［J］．行政论坛，2014（1）：84－89．

［78］旅行社难提当年勇，跟团游过气了吗？［EB/OL］．https：//new. qq. com/omn/20191031/20191031A08MWD00. html？pc，2019－10－31．

［79］旅游搭车奥运会释放"洪荒之力"［EB/OL］．http：//ent. haiwainet. cn/n/2016/0823/c345677－30246400. html，2016－08－23．

［80］栾永鑫，伊超．体育与旅游产业融合度测评指标体系模型构建研究［J］．四川体育科学，2019（4）：100－104．

［81］马健．产业融合理论研究评述［J］．经济学动态，2002（5）：78－81．

［82］马健．信息产业融合与产业结构升级［J］．产业经济研究，2003（2）：37－42，55．

［83］马晓东，周晓丽．协作治理的内涵、动因及模式分析［J］．金陵科技学院学报（社会科学版），2013（4）：23－28．

［84］［英］迈克尔·博兰尼．自由的逻辑［M］．冯银江，李雪茹，译．长春：吉林人民出版社，2011．

［85］［美］迈克尔·麦金尼斯．多中心治道与发展［M］．王文章，毛寿龙，等译．上海：上海三联书店，2000．

［86］每年游客接待量达200万人次，国外休闲运动小镇是如何做到的？［EB/OL］．https：//www. sohu. com/a/223672883_223648，2018－02－23．

［87］莫干山迭代进化出了一个体育度假型的小镇样本——郡安里［EB/OL］．https：//baijiahao. baidu. com/s？id=16508660750848730 05&wfr=spider&for=pc，2019－11－22．

［88］［美］纳尔逊，温特．经济变迁的演化理论［M］．胡世凯，译．北京：商务印书馆，1997．

［89］年创收超14亿欧元，西班牙成体育旅游热门目的地［EB/OL］．https：//finance. sina. com. cn/roll/2019－05－26/doc-ihvhiews4620869. shtml，2019－05－26．

［90］牛耐娣．管理中动机激励机制的探讨［J］．当代经济，2015（33）：74－75．

参 考 文 献

［91］彭漪涟. 逻辑学大辞典 ［M］. 上海：上海辞书出版社，2004.

［92］前瞻产业研究院. 中国体育旅游现状与市场规模预测 ［EB/OL］. http：//www. sohu. com/a/194341932_114835，2017－09－25.

［93］乔晓莹. 马山：发展"体育＋文旅＋扶贫"产业 ［N］. 广西日报，2020－05－12 （09）.

［94］青少年健康人格工程调研报告出炉，人际交往问题突出 ［EB/OL］. http：//news. 66wz. com/system/2011/03/13/102452317. shtml，2011－03－13.

［95］芮明杰，胡金星. 产业融合的识别方法研究——基于系统论的研究视角 ［J］. 上海管理科学，2008 （3）：33－35.

［96］森林康养基地样板——日本 FUFU 山梨保健农园 ［EB/OL］. https：//www. sohu. com/a/320587131_120057712，2019－06－14.

［97］沙勇忠，解志元. 论公共危机的协同治理 ［J］. 中国行政管理，2010 （4）：73－77.

［98］上海松声马术俱乐部 ［EB/OL］. http：//songseng. isitestar. com/page85，2020－05－21.

［99］深化供给侧结构性改革要在巩固增强提升畅通上下功夫 ［N］. 人民日报，2018－12－22 （01）.

［100］世界杯长尾效应：参赛国旅游、体育旅游渐火 ［EB/OL］. http：//travel. cnr. cn/list/20180718/t20180718_524304290. shtml，2018－07－18.

［101］宋书楠. 试议体育赛事的旅游开发 ［J］. 北京第二外国语学院学报，2002 （6）：35－38.

［102］宋子千，郑向敏. 旅游业产业地位衡量指标的若干理论思考 ［J］. 旅游学刊，2001 （4）：27－30.

［103］苏建军，寇敏. 我国西部体育与旅游产业融合度评价与治理机制研究——以陕西为例 ［J］. 南京体育学院学报 （自然科学版），2018 （9）：19－24.

［104］孙发锋. 从条块分割走向协同治理——垂直管理部门与地方政府关系的调整取向探析 ［J］. 广西社会科学，2011 （4）：109－112.

［105］孙磊. 协同治理：农村公共产品供给机制创新的可行路径 ［J］. 江西师范大学学报 （哲学社会科学版），2008 （5）：51－55.

［106］孙琳. 协同治理是打赢基层社区疫情防控的重要保障 ［EB/OL］. http：//www. lzbs. com. cn/xwpl/sp/2020－02/27/content_4587301. htm，2020－

02 – 27.

［107］孙晓华，邵珊，孙笑竹．演化经济学研究综述［J］．中国地质大学学报（社会科学版），2010（5）：119 – 124.

［108］它是中国最酷的马拉松，参赛选手90%是外国人［EB/OL］．http：//sports. sina. com. cn/run/2018 – 03 – 02/doc-ifwnpcnt0048193. shtml，2018 – 03 – 02.

［109］探秘全球十大顶级俱乐部［EB/OL］．https：//www. sohu. com/a/10126420_120309，2015 – 04 – 10.

［110］提升人居环境，让美丽乡村尽显"运动活力"［EB/OL］．http：//k. sina. com. cn/article_1708763410_65d9a91202000oeeu. html，2018 – 10 – 16.

［111］体育经济——提振国民经济发展的新引擎［EB/OL］．http：//www. cngold. com. cn/dealer/jyshp/20190419f12105n5676745224. html，2019 – 04 – 19.

［112］体育旅游成新风尚 "体育 + 旅游"模式引热潮［EB/OL］．https：//www. sohu. com/a/159098896_586366，2017 – 07 – 22.

［113］"体育 + 旅游"如何形成新增长极？［EB/OL］．https：//m. sohu. com/a/321355759_120168371，2019 – 06 – 18.

［114］体育旅游文化融合发展的"张掖模式"［EB/OL］．http：//www. huaxia. com/ly/lyzx/2016/08/4983294. html，2016 – 08 – 25.

［115］体育旅游行业研究报告［EB/OL］．https：//www. sohu. com/a/119510470_200424，2016 – 11 – 21.

［116］田培杰．协同治理：理论研究框架与分析模型［D］．上海：上海交通大学，2013.

［117］同程：中国体育旅游市场认知度及消费趋势报告［EB/OL］．http：//www. pinchain. com/article/87481，2016 – 08 – 19.

［118］王大悟，魏小安．旅游经济学［M］．上海：上海人民出版社，2000.

［119］王华东．贵州省旅游产业与文化产业融合发展研究［D］．贵阳：贵州财经大学，2013.

［120］王伟军，蔡国沛．信息分析方法与应用［M］．北京：北方交通大学出版社，2010.

［121］王兆峰，杨卫书．基于演化理论的旅游产业结构升级优化研究［J］．社会科学家，2008（10）：91 – 95.

[122] 吴春梅，庄永琪．协同治理：关键变量、影响因素及实现途径 [J]．理论探索，2013（3）：73－77．

[123] 萧桂森．连锁经营理论与实践（修订版）[M]．海口：南海出版公司，2007．

[124] 邢丽涛．旅游＋体育：不仅要融合，更要求新求深 [N]．中国旅游报，2018－11－08（08）．

[125] 邢中有．产业融合视角下体育旅游产业发展研究 [J]．山东体育学院学报，2010（8）：1－7．

[126] 休闲旅游时代要有怎样的业态与产品？[EB/OL]．https：//www.sohu.com/a/303875909_99902814，2019－03－26．

[127] 徐箐，肖焕禹，陈玉忠．老年体育与积极老龄化 [J]．西安体育学院学报，2006（3）：23－26．

[128] 徐双敏，罗重谱．公共危机治理主体多元化的阻滞因素与实现策略 [J]．北京航空航天大学学报（社会科学版），2010（5）：18－22．

[129] 徐嫣，宋世明．协同治理理论在中国的具体适用研究 [J]．天津社会科学，2016（2）：74－78．

[130] 宣勇．高等教育的中国特色与道路自信 [N]．中国教育报，2018－12－06（08）．

[131] 闫亭豫．国外协同治理研究及对我国的启示 [J]．江西社会科学，2015（7）：244－250．

[132] 严伟．演化经济学视角下的旅游产业融合机理研究 [J]．社会科学家，2014（10）：97－101．

[133] 杨华锋．协同治理：作为社会管理创新策略的比较优势 [J]．领导科学，2012（11）：54－55．

[134] 杨强．体育旅游产业融合发展的动力与路径机制 [J]．体育学刊，2016（4）：55－62．

[135] 杨强．体育与相关产业融合发展的路径机制与重构模式研究 [J]．体育科学，2015（7）：3－10．

[136] 杨治．产业经济学导论 [M]．北京：中国人民大学出版社，1985．

[137] 叶晨曦．多维视角下体育产业与旅游产业融合分析 [J]．体育文化导刊，2017（12）：102－106．

[138] 叶新才．体育赛事旅游产业化路径研究——以厦门国际马拉松赛

为例 [J]．山东体育学院学报，2014（3）：11－16.

［139］尹宏，王苹．文化、体育、旅游产业融合：理论、经验和路径 [J]．中共四川省委省级机关党校学报，2019（2）：120－128.

［140］尹贻梅，刘志高，陆玉麒．旅游目的地发展新思维：来自演化经济学的启示 [J]．地理与地理信息科学，2006（1）：84－88.

［141］于斌斌．演化经济学理论体系的建构与发展：一个文献综述 [J]．经济评论，2013（5）：139－146.

［142］于健，李建民．山东半岛蓝色经济区节会集群与体育旅游圈耦合研究 [J]．山东体育学院学报，2015（3）：31－35.

［143］于刃刚，李玉红，麻卫华，等．产业融合论 [M]．北京：人民出版社，2006.

［144］郁建兴，沈永东．行业协会在产业升级中的作用：文献评论 [J]．中国行政管理，2011（9）：53－58.

［145］预见2019：《2019年中国体育旅游产业全景图谱》[EB/OL]．https：//www.qianzhan.com/analyst/detail/220/190625－81c1de40.html，2019－06－27.

［146］张坊镇提升生态运动休闲小镇建设水平和综合旅游环境 [EB/OL]．http：//www.bjfsh.gov.cn/zhxw/xzrd/201810/t20181026_372272.shtml，2018－10－26.

［147］张金山．大型节事活动旅游效应的敏感神经 [J]．旅游学刊，2009（2）：8－9.

［148］张林玲．体育产业与旅游业融合度测算研究 [J]．吉林体育学院学报，2015（1）：20－23.

［149］张潇潇．互联网＋视域下的"体育小镇"构建研究 [J]．南京体育学院学报（社会科学版），2017（4）：18－22.

［150］张岩．体育产业辨析 [J]．成都体育学院学报，1995（2）：1－6.

［151］赵哲．大学与战略性新兴产业协同发展的内涵释义、互动关系与动力机制 [J]．高校教育管理，2020（3）：9－18.

［152］这里是四川天府青城康养休闲旅游度假区 [EB/OL]．https：//www.sohu.com/a/312735893_716878，2019－05－28.

［153］郑恒峰．协同治理视野下我国政府公共服务供给机制创新研究 [J]．理论研究，2009（4）：25－28.

［154］郑卫荣．政府治理视角下的公共服务协同治理［J］．经营与管理，2010（6）：22-25.

［155］［日］植草益．信息通讯业的产业融合［J］．中国工业经济，2001（2）：24-27.

［156］中国肥胖人口9000万，超过美国成为世界第一"胖子国"［EB/OL］．https：//www.sohu.com/a/290552111_374883，2019-01-21.

［157］中国每年20万人抑郁自杀，公务员白领或是高发人群［EB/OL］．http：//finance.people.com.cn/n/2014/0507/c1004-24986369-2.html，2014-05-07.

［158］中国主题公园游客数量2020年将超越美国，成为世界最大的主题娱乐市场［EB/OL］．http：//www.sohu.com/a/274080406_266317，2018-11-08.

［159］钟秉枢，金媛媛，汪海波．耦合理论视角下的北京2022年冬奥会与北京城市管理研究［J］．首都体育学院学报，2019（4）：292-297.

［160］周开国，卢允之，杨海生．融资约束、创新能力与企业协同创新［J］．经济研究，2017（7）：94-108.

［161］周平，白晋湘．民族传统节庆体育与旅游产业融合机理及效应——以内蒙古那达慕为个案［J］．西安体育学院学报，2018（1）：82-87.

［162］周绍健．破解旅游产业困境的政策机制及其作用——基于SCP范式分析［J］．旅游科学，2009（3）：17-22.

［163］周伟，吴先明．论资源依赖理论对企业并购的诠释［J］．兰州学刊，2016（2）：169-175.

［164］朱纪华．协同治理：新时期我国公共管理范式的创新与路径［J］．上海市经济管理干部学院学报，2010（1）：5-10.

［165］朱建定，杨学英，杨正伟．生态文明建设背景下云南康养旅游产业发展探析［J］．西南林业大学学报（社会科学版），2019（6）：90-95.

［166］朱晓蕾．体育旅游对民族旅游地文化变迁影响与涵化模式建立［J］．北京体育大学学报，2018（8）：139-145.

［167］庄军．论旅游产业集群的系统架构［J］．桂林旅游高等专科学校学报，2005（4）：11-15.

［168］邹统钎，彭海静．奥运会的旅游效应分析——以悉尼奥运会及雅典奥运会为例［J］．商业经济与管理，2005（4）：45-60.

［169］18岁人群健康期望寿命58年［EB/OL］．http：//news.eastday.

com/eastday/13news/auto/news/society/u7ai1782359_K4. html，2014 - 06 - 17.

［170］2018 年中国户外用品行业集中度及未来发展趋势分析 ［EB/OL］. http：//www. chyxx. com/industry/201904/728628. html，2019 - 04 - 11.

［171］2018 中国体育旅游博览会体育旅游精品项目揭晓 ［EB/OL］. http：//www. olympic. cn/museum/news/xw/2018/1216/195798. html，2018 - 12 - 16.

［172］2019 年我国 65 岁以上老年人口约 2.54 亿，新增 945 万老龄化 ［EB/OL］. https：//www. sohu. com/a/367457358_161795，2020 - 01 - 17.

［173］2019 年张掖市国民经济和社会发展统计公报 ［EB/OL］. http：// www. zhangye. gov. cn/tjj/ztzl/tjsj/202003/t20200324_404244. html，2020 - 03 - 24.

［174］2019 年中国经济"成绩单"：人均 GDP 突破 1 万美元 ［EB/OL］. http：//finance. sina. com. cn/roll/2020 - 01 - 17/doc-iihnzahk4682843. shtml，2010 - 01 - 27.

［175］2019 中国体育两博会 11 月在广州举行 ［EB/OL］. http：//www. comnews. cn/article/local/201906/20190600007815. shtml，2019 - 06 - 18.

［176］"65 岁 +"5 年后将破 2 亿，应对老龄化最重要窗口期开启 ［EB/OL］. https：//baijiahao. baidu. com/s? id = 1669847480269462716&wfr = spider&for = pc，2020 - 06 - 18.

［177］Alfonso G. , Salvatore, T. Does technological convergence imply convergence in markets? Evidence from the electronics industry ［J］. Research Policy, 1998（27）：445 - 463.

［178］Ansell C. , Gash A. Collaborative governance in theory and practice ［J］. Journal of Public Administration Research and Theory, 2007（18）：543 - 571.

［179］Barney J. B. Firm resources and sustained competitive advantage ［J］. Journal of Management, 1991（1）：99 - 120.

［180］Brinton M. H. Symposium on the hollow state：Capacity, control, and performance in inter-organizational Settings ［J］. Journal of Public Administration Research and Theory, 1996, 6（2）：193 - 195.

［181］Casciaro T. , Piskorski M. J. Power imbalance, mutual dependence, and constraint absorption：A closer look at resource dependence theory ［J］. Administrative Science Quarterly, 2005（2）：167 - 199.

［182］Commission on Global Governance. Our global neighborhood ［M］. Oxford：Oxford University Press, 1995.

［183］ Crounch G. The study of international tourism demand: Asurvery of practice ［J］. Journal of Travel Research, 1994, 32 (4): 41 – 55.

［184］ Donahue J. On collaborative governance ［R］. Corporate social responsibility initiative working paper. Cambridge, MA: Harvard University, 2004.

［185］ Doner R. F. , Schneider B. R. Business associations and economic development: Why some associations contribute more than others ［J］. Business and Politics, 2000 (3): 261 – 288.

［186］ Fai F. M. , Tunzelmann N. Industry-specific competencies and converging technological systems: evidence from patents ［J］. Structural Change and Economic Dynamics, 2001 (12): 141 – 170.

［187］ Fisher A. The clash of progress and security ［M］. London: Macmillan Co. Ltd, 1935.

［188］ Freeman C. Technology policy and economic performance: Lessons from Japan ［M］. London: Pinter Press, 1987.

［189］ Greenstein S. , Khanna T. What does industry convergence mean? ［A］. in: Yoffie D. B. Competing in the age of digital convergence ［C］. Boston: Harvard Business School Press, 1997.

［190］ Hacklin F. , Adamsson N. , Marxt C. Design for convergence: Managing technological partnerships and competencies across and within industries ［R］. International conference on engineering design ICED 05 Melbourne, August15 – 18, 2005.

［191］ Hall C. M. Adventure, sport and health tourism ［M］. London: Belhaven Press, 1992.

［192］ Hooper R. Convergence and Regulation ［C］. TIO Conference, Melbourne, Australia, 2003. 10.

［193］ Ling T. Delivering joined up government in the UK: dimensions, issues and problems ［J］. Public Administration, 2002 (4): 615 – 642.

［194］ Pennings, J. M. , Puranam P. Market convergence and firm strategy: New directions for theory and research ［A］. ECIS Conference, The Future of Innovation Studies, Eindhoven, The Netherlands, 2001.

［195］ Pfeffer J. , Salancik G. R. The external control of organizations: A resource-dependence perspective ［M］. New York: Harper & Row, 1978.

[196] Porter M. E. Competitive advantage [M]. New York: Free Press, 1985.

[197] Schmitter P. C. , Streeck W. The organization of business interests: Studying the associative action of business in adcanced industrial societies [R]. MPIfG discussion paper, 1999.

[198] Suchman M. Managing legitimacy: Strategic and institutional approaches [J]. Academy of Management Review 1995, 20 (3): 571 – 610.

[199] Veblen, T. B. Why is economics not an evolutionary science? [J]. Quarterly Journal of Economics, 1898, 12 (4): 373 – 397.

[200] Victor T. C. M. Marketing in travel and tourism [M]. Oxford: Butterworth-Heinemann, 1988: 78.

[201] Wernerfelt B. A resource-based view of the firm [J]. Strategic Management Journal, 1984 (2): 171 – 180.

[202] Witt U. Evolutionary economics: An interpretative survey [A]. in: Dopfer K. Evolutionary economics: Program and scope [C]. Boston: Kluwer Academic Publisher, 2001.

[203] Xing W. , Ye X. , Kui L. Measuring convergence of China's ICT industry: An input-output analysis [J]. Telecommunicaitons Policy, 2011, 35 (4): 301 – 313.

[204] Yoffie D. B. Competing in the age of digital convergence [J]. California Management Review. 1996, 38 (4): 31 – 53.